Gruselparty
Die besten Ideen für jede Kinderparty

Jane Bull

DORLING KINDERSLEY

DORLING KINDERSLEY
London, New York, Melbourne,
München und Delhi

Gestaltung Jane Bull
Text Penelope Arlon, Lee Wilson
Fotos Andy Crawford
Designassistenz Poppy Joslin,
Sonia Moore, Wendy Bartlet
Programmleitung Mary Ling
Herstellung Andy Hilliard,
Emma Sparks

Bibliografische Information Der Deutschen Bibliothek
Die Deutsche Bibliothek verzeichnet diese Publikation in
der Deutschen Nationalbibliografie;
detaillierte bibliografische Daten sind im Internet über
http://dnb.ddb.de abrufbar.

Titel der englischen Originalausgabe:
Halloween

Übersetzung Thomas Gotterbarm,
Wiebke Krabbe

ISBN 978-3-8310-2251-9

Colour reproduction by MDP, UK
Printed and bound in China by L. Rex

Besuchen Sie uns im Internet
www.dorlingkindersley.de

Das Buch enthält Auszüge aus:
*Gruselparty, Kinderparty,
Kostümparty, Das Zauberbuch*

Hokuspokus Gruselspaß!

Inhalt

Tolle Deko

Witzige Verkleidungen

Spukige Häppch

Spiele und Zaubertricks

Tolle Deko

Ausgehöhlte Kürbisse, leuchtende Fensterbilder, gruselige Lichter, Geister-Girlanden und lustige Pappteller-Masken – mit der richtigen Deko gelingt dir jede Gruselparty.

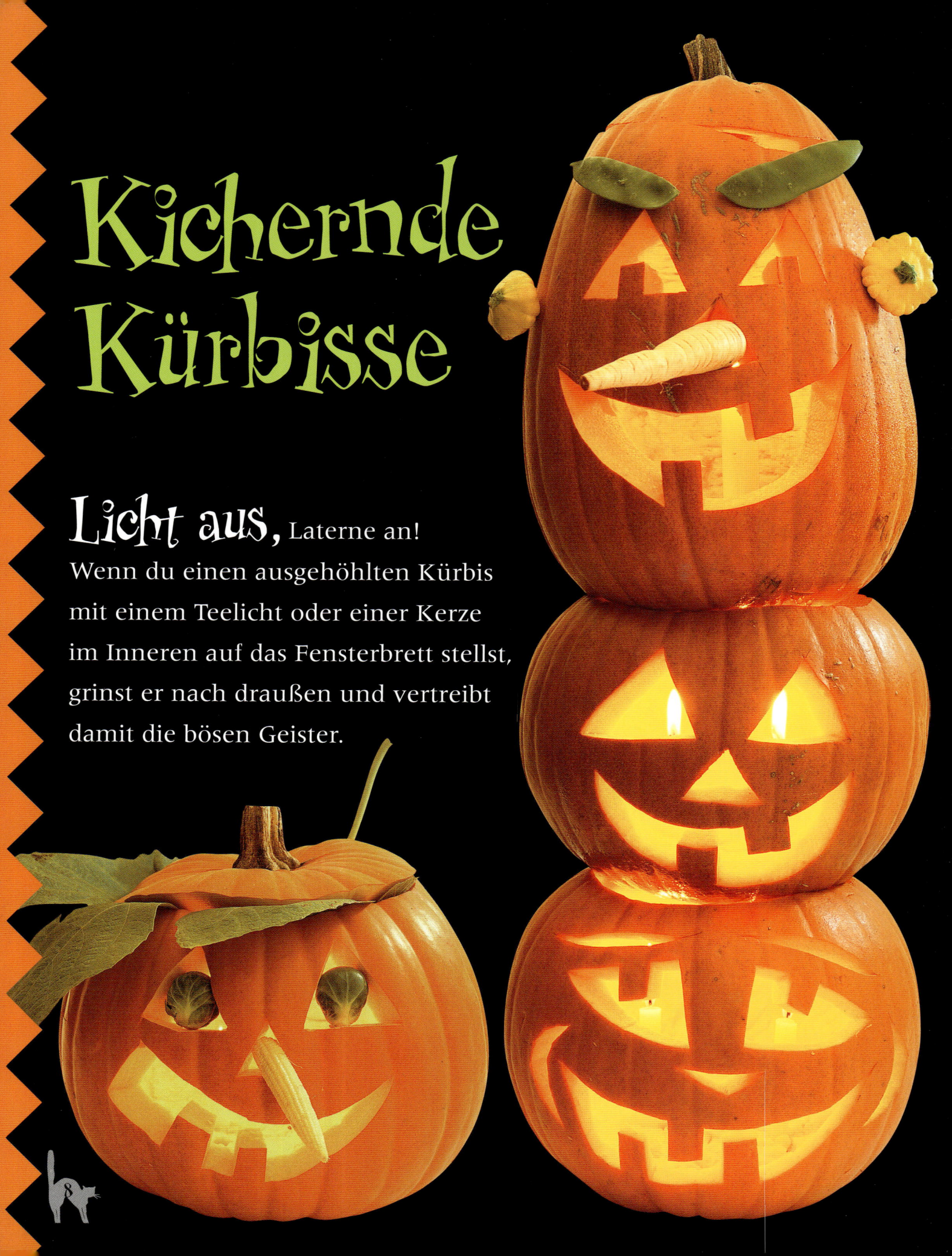

Kichernde Kürbisse

Licht aus, Laterne an! Wenn du einen ausgehöhlten Kürbis mit einem Teelicht oder einer Kerze im Inneren auf das Fensterbrett stellst, grinst er nach draußen und vertreibt damit die bösen Geister.

Fensterschmuck und Geisterschreck: die Halloween-Kürbislaterne

KÜRBISLATERNEN BASTELN

Nimm einen großen, glatten Kürbis und
schnitze daraus eine grinsende Laterne.
Sie hält an Halloween böse Geister
von deinem Haus fern.

STIFT

MESSER

LÖFFEL

SCHÜSSEL

TEELICHT

1

Mit dem Messer aufschneiden

2

Innen aushöhlen

Schön schaurig!

☻ Steckrübe

Statt Kürbissen kannst du z. B. auch Steckrüben verwenden. Sei aber vorsichtig beim Schnitzen, denn Steckrüben sind sehr hart!

☻ Kerzenzauber

Stelle die Kerze bzw. das Teelicht hinein, zünde sie vorsichtig an und setze den Deckel darauf. Jetzt blinzelt dein Kürbis im Dunkeln!

Ein Erwachsener sollte …
☻ dir beim Schnitzen helfen.
☻ das Teelicht anzünden.

3 Gesicht aufzeichnen und …

4 … ausschneiden

Fensterbilder

Fledermäuse und Kürbisse in deinem
Fenster erschrecken jeden Passanten!

Bild zeichnen

Ausschneiden

Klebe Seidenpapier auf die Rückseite deines Bildes.

Seidenpapier aufkleben

Spukschloss

Im Schloss brennt noch Licht. Du kannst es nachbauen, indem du verschiedenfarbiges Seidenpapier zuschneidest und auf die Rückseite deines Bildes klebst.

Lege die beiden Enden aufeinander und klebe sie zusammen.

Zauberlampe

Auf schwarze Pappe die Form des Lampenschirms und ein Halloweenbild zeichnen, ausschneiden, auf die Lampe kleben und einschalten!

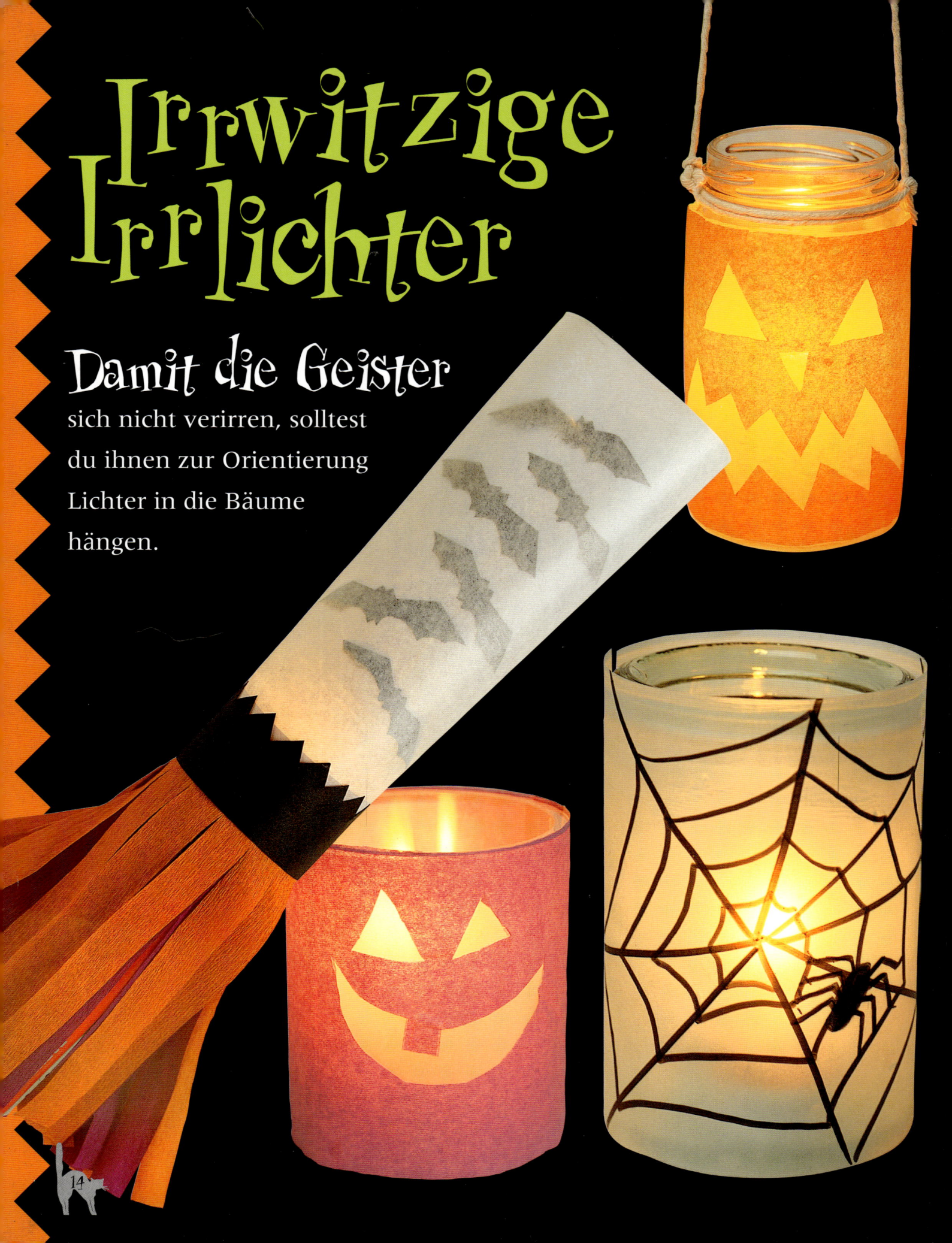

Irrwitzige Irrlichter

Damit die Geister

sich nicht verirren, solltest
du ihnen zur Orientierung
Lichter in die Bäume
hängen.

Glimmen im Glas zur Geisterstunde

15

IRRLICHTER BASTELN

Du brauchst nur einige Gläser von beliebiger Form und Größe sowie Pauspapier oder buntes Seidenpapier. Als Lichtquelle eignen sich Teelichter, die in den gruseligen Gläsern schön flackern. Bitte jemanden, dir beim Anzünden zu helfen.

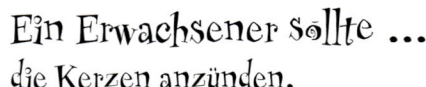

Ein Erwachsener sollte ...
die Kerzen anzünden.

Leuchtgesicht

Ein Gesicht ist eine tolle Laternen-Verzierung und gar nicht schwer zu zeichnen.

Schneide Seidenpapier auf Form und Größe des Glases zu.

Ein Erwachsener sollte die Schnur festbinden, die Kerze anzünden und die Laterne aufhängen.

Zeichne ein Gesicht und schneide es aus.

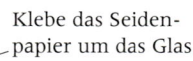

Klebe das Seidenpapier um das Glas.

Du kannst auch gelbes Seidenpapier unter das Gesicht kleben.

16

Schummerlicht

Male mit schwarzem Filzstift ein Bild auf Pauspapier oder schneide schwarze Pappformen aus und klebe sie darauf. Wickle das Papier um das Glas und zünde die Kerze an!

Schneide schwarze Formen aus und klebe sie auf.

Male mit schwarzem Filzstift ein Bild auf das Papier.

Fackel-Flattern

Eine Taschenlampe lässt sich ganz schnell in eine Fackel verwandeln, die glatt aus einem Spukschloss stammen könnte.

Schneide Pauspapier auf die Taschenlampe zu und lass 1 cm überstehen.

Schneide aus schwarzem Papier gruselige Formen aus und klebe sie auf.

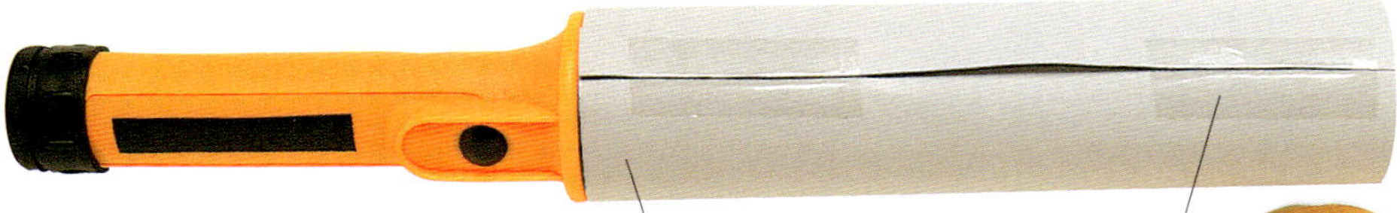

Wickle das Papier mit den schwarzen Formen nach innen um das Ende der Lampe.

Verklebe die Naht.

Schneide aus Krepppapier eine Fransenmanschette und klebe sie um den Griff.

Lampe einschalten und hinaus in die Nacht!

17

Geister-Girlanden

Die Girlanden sind leicht zu basteln. Vorsicht beim Ausschneiden, damit du sie nicht versehentlich auseinanderschneidest.

Schneide einen langen Streifen Papier aus, 10 cm breit und so lang, wie du willst, und falte ihn wie eine Ziehharmonika.

Falz — Falz — Falz

Zeichne das Gespenst auf die Oberfläche, und zwar immer von Falz bis Falz.

Schneide das Gespenst aus. Lass den Teil des Falzes stehen, wo sich die Geister berühren.

Girlande auseinanderziehen, bemalen und aufhängen.

Papp-teller-Masken

Mit diesen Masken

kannst du jedem einen Riesenschreck einjagen. Mit etwas Fantasie kannst du einen harmlosen Haushaltsgegenstand in ein Monster verzaubern.

Diese Masken sind nicht von Pappe!

Teller-Maske

Aufzeichnen und ausschneiden

Gesicht verzieren

Gummiband anbringen

Unter Katzen-
schnauze
abschneiden.

Kürbis aus einem
ganzen Teller

Für spitzes Gesicht:
Kinn zuklammern.

PAPPTELLER-MASKEN VERZIEREN

Pappteller-Masken kann man mit oder ohne Bemalung tragen. Für die Verzierung sind der Fantasie keine Grenzen gesetzt. Glitzer und Pailletten verleihen der Maske ein unheimliches Funkeln.

Verwandle dich in ein Pappteller-Monster!

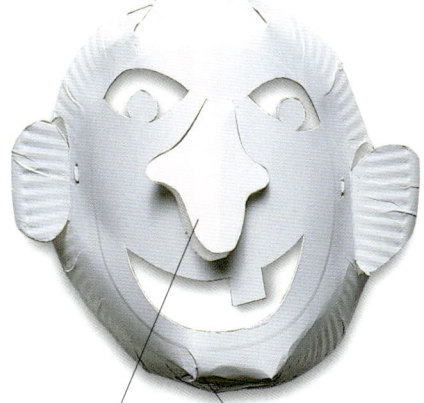

Zeichne
ein Hexen-
gesicht.

Ausschneidemarken
zum Formen des
Gesichts.

Augen,
Nase und Mund
ausschneiden.

Marken ausschneiden,
Ränder nach hinten biegen
und zusammenheften.

Maske bemalen, mit
Klebstoff etwas Glitzer
anbringen.

ACRYLFARBEN

KLEBSTOFF

GLITZER

Kürbiskopf

Verzierung
aus grünem
Glitzer

Katze

Verzierung
aus Glitzer und
Pailletten

Monstermaske

Du kannst deine Maske
auch ganz anders
verzieren – mit allem,
was dir einfällt!

Grässliche
grüne Hexe

Schneide Fransen in ein langes
Stück grünes Krepppapier. Klebe
es dann in die Maske hinein.

☻ Hexenhaare

Um das Haar noch dichter
zu machen, kannst du weitere
Kreppfransen auf die Masken-
rückseite kleben.

23

Kürbiskorb

Auch Hexen und Monster können Süßigkeiten nicht widerstehen! In diesem Kürbiskorb kannst du den Gästen auf deiner Halloween-Party die Leckereien stilecht servieren.

25

KÜRBISKÖRBE BASTELN

Kürbiskorb

Mit dem Basteln des Korbes solltest du frühzeitig beginnen, damit er bis Halloween trocken ist.

Verwende Tapetenkleister oder eine Mehl-Wasser-Mischung.

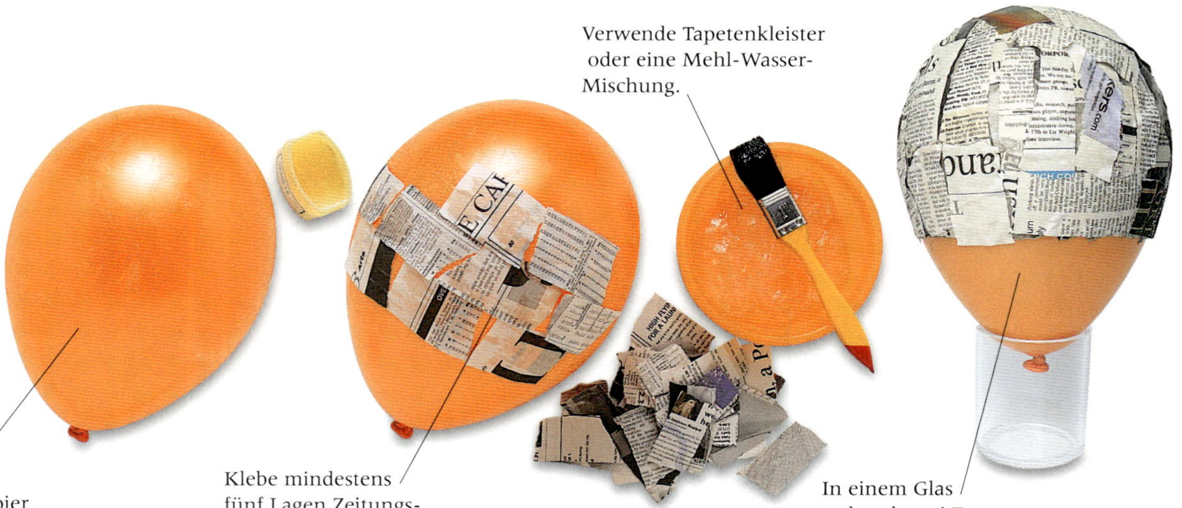

Bestreiche den Ballon mit Vaseline, damit das Papier später nicht kleben bleibt.

Klebe mindestens fünf Lagen Zeitungspapier auf den Ballon.

In einem Glas stehend zwei Tage trocknen lassen.

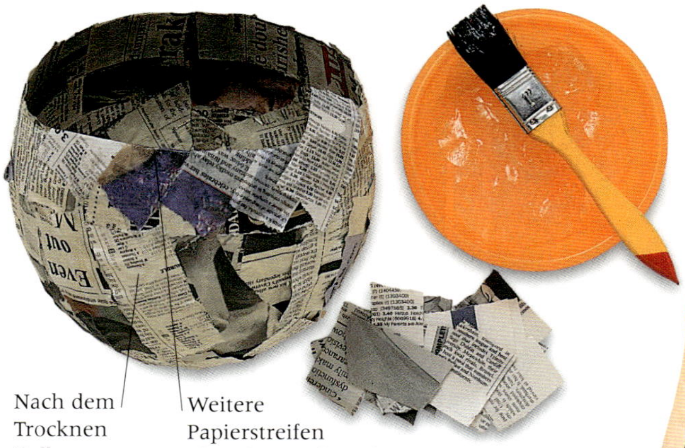

Eimer einfarbig anmalen und trocknen lassen.

Nach dem Trocknen Ballon platzen lassen.

Weitere Papierstreifen über den Korbrand kleben.

Ein Kürbiskorb für tolle Sachen!

Bohre auf beiden Seiten Löcher und ziehe eine Schnur als Henkel hindurch.

Male mit Schwarz ein Kürbisgesicht auf.

26

Blätter und Sterne

Einen normalen Eimer kannst du mit Krepppapier und Halloweenaufklebern blitzschnell verzieren.

Du brauchst einen Eimer mit Henkel und ein großes Stück Krepppapier.

Stelle einen Eimer auf das Krepppapier, falte das Papier über den Rand und befestige es mit Klebeband.

Umwickle den Henkel mit einem Krepppapierstreifen und klebe die Enden fest.

Blätter und Sterne ausschneiden.

Blätter auf Pfeifenputzer kleben, am Henkel festbinden.

Sie werden spiralig, wenn man sie um Stifte wickelt.

Halloween-Aufkleber

Motive auf Etiketten zeichnen.

Ausmalen und aufkleben.

Süße Tüten

Diese Tüten sind ein ideales Mitbringsel, wenn du auf eine Halloweenparty eingeladen bist – oder als Abschiedsgeschenk für deine Gäste.

Das Blatt sollte 20 x 20 cm groß sein.

Falte eine Ecke über die Mitte.

Schlage die zweite Ecke über die erste und klebe sie fest.

Mit Aufklebern verzieren.

Spitze umschlagen und festkleben.

Witzige Verkleidungen

Ob Alien, Superman oder Pirat –
es gibt für jeden das passende Kostüm.
Wie wäre es mit einem tanzenden
Skelett, einem edlen Ritter oder einer
spukigen Fledermaus? Mit einem
fantasievoll verzierten Gesicht wirkt
die Verkleidung noch echter!

Tolle Kostüme

Hexenhüte und -finger-nägel gibt es im Spielwaren-handel.

Nähe spitze schwarze Ohren auf ein Haarband.

Für Fell und Schwanz ist eine Feder-boa ideal.

Schwarzes T-Shirt, schwarze Hose und schwarze Handschuhe bilden die Grundlage für ein Katzenkostüm.

Kostüme, die toll aussehen, müssen nicht viel kosten. Mit etwas Fantasie kannst du fast alles verwenden, was du zu Hause findest.

... dreimal schwarzer Kater!

Weiß wie ein Bettlaken!

Nähe die Gesichtszüge mit schwarzen Filzstücken auf ein weißes Laken und schneide Gucklöcher aus.

Knochenhände kann man aus Gummihandschuhen herstellen oder im Fachhandel kaufen.

Mit einer um Kopf und Schultern gelegten Stoffbahn siehst du aus wie ein Zombie!

☠ Gesichtsmaske

Mit einer Maske oder einem bemalten Gesicht sieht dein Kostüm noch viel besser aus. Auf den Seiten 68–71 ist erklärt, wie du deinem Halloween-Kostüm den letzten Schliff verleihst.

Umziehen zur Geisterstunde

KOSTÜME ZUSAMMEN-STELLEN

Totenkopf ausschneiden und auf einen Hut kleben.

Kürbismaske und -eimer sind leicht herzustellen (siehe Seiten 22 und 26).

Das Feen-Kostüm passt auch zur Kürbisfee.

Einfache Kostüme sind oft die besten – sie müssen weder viel Zeit noch viel Geld kosten. Diese Kostüme kannst du zum größten Teil aus alten Kleidungs-stücken herstellen, die du in eurem Haushalt findest.

Ein Halstuch um die Hüften gibt der Hose festen Halt. Auch ein Pappschwert lässt sich dort unterbringen.

Ziehe warme Schuhe an, wenn ihr umherzieht!

Ziehe Bänder durch die Schuhe, die zu Halskette und Armreifen passen.

Alles, was du findest, ist verwendbar!

Ein Halstuch wird zum Kopftuch umfunktioniert.

Sammle Kleider, Spielsachen und Stoff, um daraus ein gruseliges Kostüm zu machen.

Ein richtiger Pirat trägt hoch-gekrempelte weite Hosen mit Kniestrümpfen.

Versuche, aus dünner schwarzer Pappe einen Hexenhut zu basteln.

Wie man die Monstermaske macht, steht auf Seite 22.

Aus einem Haarreif wird ein Feen-Diadem.

Aufgemalte Blumen sind das Tüpfelchen auf dem i.

Schwarzes Kleid und gestreifte Strumpfhose

Manschetten aus dünner Pappe mit Weingummi-Knöpfen

Eine lange Stoffbahn über der Schulter ist ein guter Vampirumhang.

Eimer für Süßigkeiten (Seite 27).

Schminke und ein Requisit – schon ist die Verkleidung fertig.

Klebe weiße Papierknochen auf ein schwarzes T-Shirt und setze die Skelettmaske von Seite 21 auf.

33

Ein rotes
Handtuch als
Umhang

Helden und Co.

Außerirdischer, Pirat oder Superman? Du wirst staunen, was für tolle Kostüme du im Kleiderschrank hast. Du brauchst nur ein bisschen Fantasie!

Was trägt ein Pirat? Ringelshirt und hochgekrempelte Hosen.

Hexe

Hauptsache, die Strümpfe sind geringelt.

Fledermaus

Anleitung für die Flügel auf Seite 66

Lies auf Seite 64, wie der Umhang gemacht wird.

Springseil-Lasso

Jippiiieh, Cowboy

Karohemd, Springseil-Lasso und ein Nickituch – viel mehr brauchst du nicht für dieses Kostüm.

Mini-Pirat

Er hat den Schatz gefunden.

Alien

Ein Gesicht auf einen Luftballon malen und in die Kapuze stecken – fertig ist der Fremdling aus einer anderen Welt.

Gelbe Gummi- handschuhe

Superman

Schwarze Strumpf- hose, rote Socken und ein rotes Hand- tuch als Cape – so rettest du die Welt.

Mit Sicherheits- nadeln am T-Shirt feststecken.

Du brauchst:

einen Mopp, 3 Bambusstangen, Klebeband, Bindfaden, Tacker, ein großes Hemd, Kleinkram zur Verzierung

Für die Schultern eine kurze Stange am Mopp befestigen.

Leihe dir ein altes Hemd von Papa.

Die Handstangen müssen so lang wie der Moppstiel sein.

Langer Lulatsch

Hallo da unten! Schau mal als Riese auf die Welt hinab. Du brauchst einen Mopp, ein altes Hemd – und zwei Freunde, die das Winken übernehmen.

Ein Gesicht aus bunter Pappe und einer leeren Pappröhre

Das Hemd über die Stangenschultern ziehen und einen Knopf offen lassen, damit du gucken kannst.

Riesenkopf

Schneide ein großes Gesicht aus Pappe aus und bemale es. Klebe das Gesicht unter den Mopp und schon hast du auch Haare.

Klebe das Gesicht so an den Stiel, dass die Frisur gut sitzt!

Hallo, ich bin hier oben.

Die Handstangen sanft hin und her bewegen, damit es aussieht, als ob der Riese winkt.

Eine Schnur um die Hand binden und am Ende der Stange festkleben.

Ich bin hier!
Schlüpfe in das Hemd und halte den Mopp fest. Zwei Freunde halten die Handstangen und winken.

Riesenhände

Zeichne auf Pappe um deine Hände herum – aber doppelt so groß! Ausschneiden, eine Schnur um eine Stange und die Hand binden und verknoten.

Tackere die Hemdsärmel an die Hände....

Übt das Bewegen vom langen Lulatsch am besten gemeinsam!

willkommen bei Box-TV!

Ich bin Paula Pappe. Sie sehen die Nachrichten. Im Land ist eine Kartonepidemie ausgebrochen, die immer mehr Menschen befällt. Unser Reporter Colin Karton ist für Sie unterwegs.

Komm ins Fernsehen

Nachrichtensprecherin Paula Pappe schneidet ein viereckiges Loch in eine Seite eines Kartons. Um den Rand klebt sie Alufolie und darunter einige Flaschendeckel als Knöpfe. Jetzt kann sie auf Sendung gehen.

Als Antenne dient ein verbogener Drahtkleiderbügel, …

… der oben auf den Karton geklebt wird.

Hallo Paula! Hier draußen greift das Kartonfieber erschreckend um sich. Überall werden Pappkartons in seltsame Kostüme verwandelt. Sehen Sie nur diese edlen Ritter und Feenprinzessinnen, die Cowboys und Recycling-Roboter. Meine sehr verehrten Damen und Herren, sichern auch Sie sich Ihren Karton.

Das war Colin Karton für Box-TV. Ich gebe zurück ins Studio.

Klaus im Karton

Zuerst einmal musst du einen Karton finden, der so groß ist wie du.
Und dann geht es ans große Einpacken.

Der richtige Karton

Nimm den größten Karton, den du finden kannst. Entscheide, wo oben und unten sein soll. Dann schneide die losen Klappen ab oder klebe sie fest.

Löcher für Arme und Kopf

Lass dir helfen! Zum Ausschneiden der Löcher brauchst du ein scharfes Messer.

Schön verpackt

Zum Einwickeln kannst du große Bögen Papier, Geschenkpapier von der Rolle, Alufolie oder braunes Packpapier benutzen.

So wird eingewickelt

1 Rolle das Papier auf dem Boden aus, lege den Karton darauf und schneide das Papier von der Rolle ab.

Den Karton auf die Seite legen. ......

Das Papier an den Kartonecken einschneiden. ......

Die Papierkanten in den Karton hineinfalten und festkleben.

2 Das Papier auf den Seiten des Kartons glatt streichen …

3 … und festkleben. Die Löcher werden jetzt verdeckt.

4 Passende Papierstücke für die Seiten zuschneiden und festkleben.

Den Karton auf die Seite legen.

Lass dir helfen beim Ausschneiden der Löcher.

Das Papier festkleben. ....

Kopf und Arme

Schneide das Papier an den Löchern sternförmig ein. Die Strahlen nach innen klappen und festkleben.

Fertig verpackt!

Recycling-Roboter

Mein Name ist Box-Boter. Wenn du meine Anweisungen befolgst, kannst du mich nachbauen.

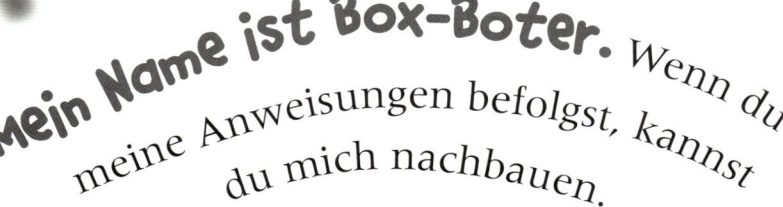

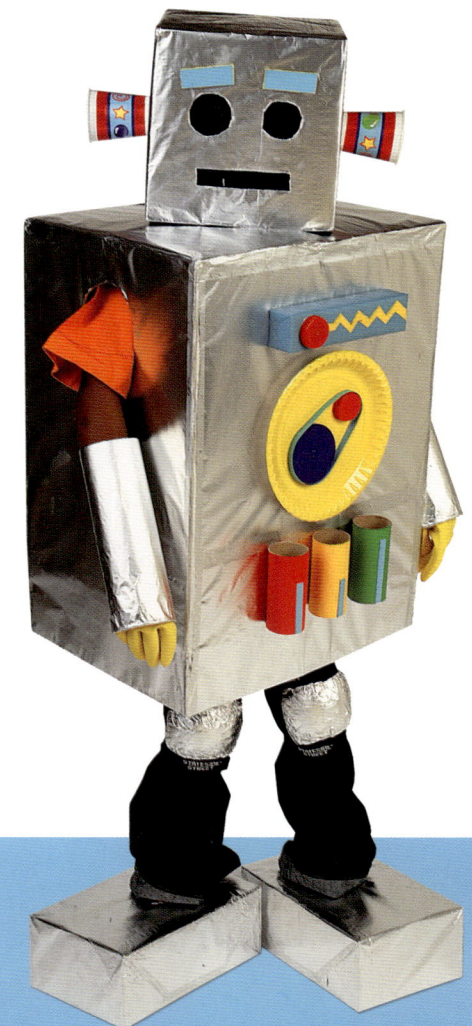

Box-Boters Bauplan

Für diesen tollen Roboter brauchst du mehrere große und kleine Kartons, Schachteln, Teller, Becher und andere Pappteile. „Versilberte" Knieschützer, glänzende Kartonschuhe und Gummi-handschuhe geben den letzten Schliff.

Lass dir helfen

beim Aus-schneiden der Löcher.

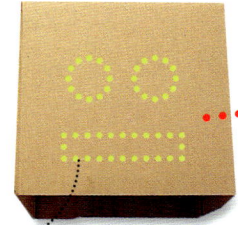

Das Roboter-gesicht aus-schneiden.

Kopfkarton

Pappröhren als Arme

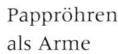

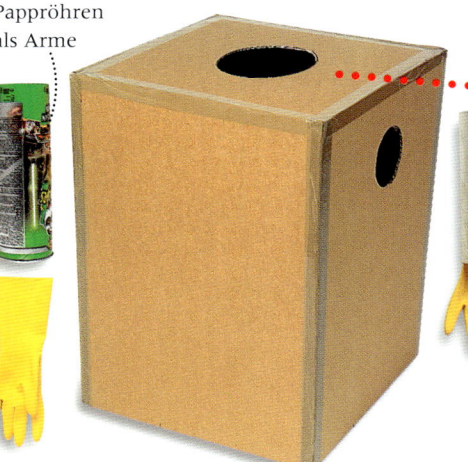

Körperkarton

Knieschützer

Knieschützer

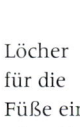

Löcher für die Füße ein-schneiden.

Schuhkarton

Pappbecher als Ohren ankleben.

Pappröhren als Steuer-elemente

43

Galoppiere deinen Feenfreundinnen nach.

Hoch zu Ross

Aufsitzen und losreiten!

Jippie-jeh!

Brav, Brauner!

Pferdevielfalt

Es gibt so viele Pferde, die du ausprobieren kannst – vielleicht gefällt dir Black Beauty mit der weißen Blesse oder das geflügelte Sagenpferd Pegasus?

Jeder Ritter braucht sein treues Reittier, und auch Cowboys gehen in der Prärie nicht zu Fuß. Und war da nicht eben ein Feenpferd?

Ein Stall voller Kartonpferde

Pferdekartons

Lege einen großen Karton auf die Seite. Er muss so groß sein, dass du hineinpasst. Dein zweites Paar Beine hängt von der Seite herab.

45

Gestreckter Galopp

Hier kommt die Anleitung für eine Pferde-Grundform. Anschließend kannst du sie verzieren. Einige Ideen dafür findest du auf den nächsten Seiten.

Pferderumpf

Du brauchst einen großen Karton, in den du reinsteigen kannst.

Schneide unten alle vier Klappen und oben die beiden langen Klappen ab.

Die kurzen Klappen mit stabilem Paketklebeband festkleben.

Farbiges Papier zuschneiden und zuerst auf die Schmalseiten kleben.

Das Papier umfalten und sorgfältig festkleben.

Die Größe der Seiten ausmessen und Papier passend zuschneiden.

In die Unterkante kannst du auch ein Muster schneiden.

Das Papier auf die Seiten des Kartons kleben.

Pferdekopf

Zeichne einen ganz einfachen Pferdekopf auf ein Stück Pappe.

90°-Winkel

Schneide den Kopf aus und zeichne ihn von jeder Seite einmal auf Buntpapier nach (siehe unten).

Den Kopf an den Karton kleben.

Buntpapierstreifen aufkleben, um das Paketband zu verdecken.

Von den beiden Buntpapierköpfen die Nasen abschneiden. Dann das Buntpapier auf beide Seiten des Pferdekopfes kleben.

Lege den Pappkopf auf das Buntpapier und zeichne den Umriss nach. Dann drehe ihn um und zeichne ihn nochmals nach. Beide Formen ausschneiden.

Du brauchst:

1 großen Pappkarton • Buntpapier zum Bekleben des Pferdes • Pappe für den Kopf • Schere • Stifte Bänder • Klebstoff • Klebestift

Zügel

Um dein wildes Pferd zu lenken, ziehe ein stabiles Band als Zügel durch die Nase.

Schneide einen bunten Streifen aus und klebe ihn als Halfter auf die Nase.

Lass dir helfen beim Stechen des Lochs.

Stich mit der Spitze eines Stiftes ein Loch zum Durchziehen der Zügel in die Pappe.

Schweif

Nimm für den Schweif Papier in der Farbe des Pferdes.

Schneide ein großes Quadrat aus, das so lang ist, wie der Schweif sein soll.

Falte das Quadrat im Zickzack und schneide lange Schlitze hinein. Aber nicht ganz durchschneiden.

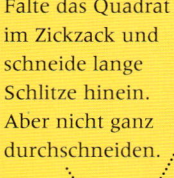

Den Schweif mit Klebeband festkleben.

Tragebänder

Damit das Pferd in der richtigen Höhe hängt, fehlen nun noch Tragebänder. Befestige sie am Karton und stelle die Länge passend ein.

Mit einem spitzen Stift vier Löcher in die Pappe stechen.

Lass dir helfen beim Stechen der Löcher.

Ein Band für die Zügel durch das Loch in der Nase ziehen.

Die Bänder durch die Löcher ziehen und in die Enden Knoten binden.

Wenn die Bänder zu lang sind, binde den Knoten an einer anderen Stelle, um sie zu kürzen.

Tipp Wenn die Tragebänder herunterrutschen, klebe sie im Rücken zusammen.

und jetzt geht's ans Verzieren.

Pferderassen

wie viele gibt es? So viele, wie man sich nur vorstellen kann! Einhörner und geflügelte Sagenpferde können jede beliebige Farbe haben. Cowboys gefällt ein natürliches Fell vielleicht besser.

Falsche Beine

Stopfe ein Paar alte, lange Strümpfe mit Alufolie aus, damit sie sich leicht formen lassen. Klebe den oberen Rand innen in den Karton und den Fuß auf die Außenseite.

Nimm zum Festkleben der Beine haltbaren Kleber.

Die Oberkanten im Karton festkleben.

Ohren

Schneide aus Papier zwei Ohren aus, falte sie unten und klebe sie zusammen. Klebe sie mit doppelseitigem Klebeband am Kopf fest.

An den Schulterbändern kannst du das Pferd auch tragen.

Ziehe Strümpfe an, die gut zum Pferd passen.

Falsche Beine aus einer Hose

Cowboy-Beine

Anstelle der Strümpfe kannst du auch Hosenbeine vom Pferd herabhängen lassen. Die Beinenden werden in Schuhe gestopft.

48

Magisches Einhorn

Ein Einhorn muss ein Horn haben. Dies besteht aus Pappe, die mit Goldpapier und Band umwickelt ist. Für dieses besondere Reittier kannst du noch mehr glitzernde Verzierungen gebrauchen.

Goldpapier und Glitzer

Erst das Horn befestigen, dann den Kopf mit rosa Papier bekleben.

Blumen aus pink-farbenem Papier ausschneiden und aufkleben.

Glanzpapier, Lamettagirlanden oder Stoff eignen sich zur Verzierung.

Zügel aus Goldbändern

Mähne aus pinkfarbenen Bändern

Für edle Ritter

In königlichem Rot mit Wappen.

Ein Auge auf weißes Papier malen und auf ein gelbes Oval kleben.

Nasenloch, Auge und Maul mit einem Filzstift aufmalen.

Gelbe Papier-punkte als Verzierung der Turnierschabracke

Ein Wappen aus Buntpapier

Präriepferd

Mit braunen Flecken.

Nase und Maul mit Filzstift aufmalen.

Zaumzeug aus roten Papierstreifen

Unregelmäßige Flecken aus braunem Papier ausschneiden und aufkleben.

Den Sattel aus schwar-zem Papier ausschneiden und aufkleben.

49

Ritter in schimmernder Rüstung

Ein echter Ritter braucht Waffen und eine Rüstung. Ein Waffenrock, ein Helm und ein Schwert gehören zur Grundausstattung.

Pappröhrenschwert

Nimm die Röhre einer Rolle Geschenkpapier. Kurze Rollen sind prima für Dolche.

Eine lange Röhre flach drücken.

Ein Ende spitz zuschneiden.

Das ganze Schwert mit Alufolie umwickeln. Dann den Griff mit einem roten Papierstreifen umwickeln.

Das Ende dann noch mit Klebeband umwickeln.

Ein kleines Rechteck aus Pappe ausschneiden, schwarz anmalen und in die Mitte einen Schlitz schneiden.

Die Pappe auf das Griffende schieben.

Und fertig ist das Schwert.

Schild
Überlege dir genau, wie das Familienwappen auf deinem Schild aussehen soll.

Zeichne ein Schild auf ein großes Stück Pappe und schneide es aus.

Verziere es mit aufgeklebten Mustern aus Buntpapier.

Das Wappen auf Schild und Pferd müssen gleich aussehen!

waffenrock

Ein Waffenrock ist schnell gemacht. Lege einen langen Streifen Stoff doppelt, schneide oben einen Schlitz für den Kopf hinein und halte ihn um die Taille mit einem Gürtel zusammen.

Gürtel

Im Knick einen Schlitz ein-schneiden, der gerade groß genug für deinen Kopf ist.

Helm

Du brauchst einen Pappstreifen, der um deinen Kopf passt. In der Breite muss er von deinen Schultern bis über deinen Kopf reichen.

Zeichne in die Mitte ein Dreieck. Das wird das Loch für das Gesicht.

Graue Wollhand-schuhe

Schneide das Dreieck aus und prüfe, ob die Höhe stimmt. Dann klebe die Schmalseiten der Pappe zusammen.

Ritter-Outfit

Ein graues Kapuzenshirt unter dem Waffenrock sieht aus wie ein Kettenhemd. Schau nach, ob du auch graue Kniestrümpfe hast. Dann setze den Helm auf, nimm Schild und Schwert und reite zum Turnier.

Drehe den Helm um und zeichne den Umriss auf Pappe nach.

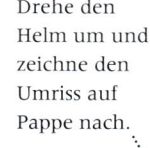

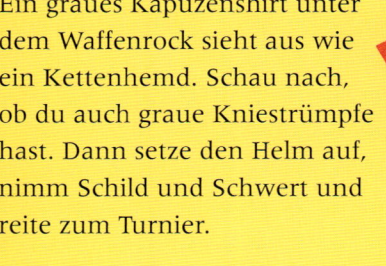

Alles im Griff

Die Form ausschneiden.

Klebe einen Papp-streifen als Griff auf die Rückseite des Schildes.

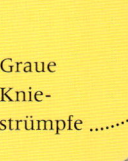

Graue Knie-strümpfe

Den Deckel auf den Helm kleben, alles mit Alufolie bedecken und mit einem Wappen verzieren.

Piraten auf hoher See

Heho Kumpanen, kommt an Bord, wir gehen auf Kaperfahrt!

Du kannst auch nach der Anleitung für das Schwert (Seite 50) einen Säbel basteln.

Seebeine
Trage meerblaue Strumpfhosen.

Schiff ahoi!

Ein Piratenschiff aus Pappe, komplett mit Totenkopfflagge, Krummsäbel und einem Beutel Proviant – was braucht man mehr, um in See zu stechen und auf Schatzsuche zu gehen?

Mmm...
Prima Schatz. Gut, dass ich ihn gefunden habe!

Anker lichten!

Für den Anker brauchst du ein Stück dicke Pappe.

Aufzeichnen

Zeichne einen Anker auf und schneide ihn aus.

Einwickeln

Wickle Alufolie herum, drücke sie in Form und klebe sie fest.

Ans Schiff hängen

Ziehe eine Schnur durch das Loch und hänge den Anker auf.

Juwelen und Dukaten!

Für die Flagge brauchst du nur ein Papprechteck an einen Stab zu kleben. ....

Schatzkiste

Zu einem Schatz gehört eine ordentliche Truhe. Nimm einen Karton mit Deckel und verziere ihn mit Papier. Dann kannst du ihn mit allerlei Schätzen füllen.

Land in Sicht!

Steuerbord voraus

Hier kannst du lesen wie das Schiff gebaut wird. Aber denke daran, dass es nicht unbedingt ein Piratenschiff sein muss. Mit weißen Streifen wird es zum rasanten Speedboat.

Schiffsrumpf

Suche einen Pappkarton, in den du reinsteigen kannst. Er sollte recht lang sein.

Unten alle vier Klappen und oben die beiden langen Klappen abschneiden. ......

Die schmalen Klappen oben mit Paket-klebeband gut festkleben. ......

Ein Stück Pappe aus-schneiden, das breiter als die Schmalseite ist, aber nicht höher.

Es muss gut festgeklebt werden.

An beiden Seiten ankleben. ......

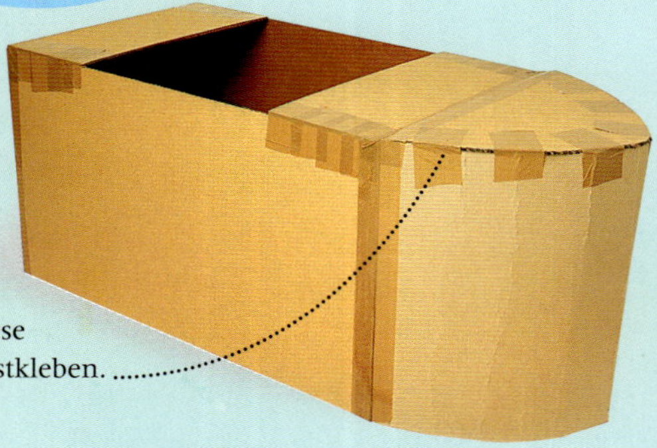

Ein Stück Pappe zuschneiden, das den vorde-ren Teil abdeckt.

Auch diese Pappe festkleben. ......

54

Das Boot verkleiden

Die Grundform des Schiffsrumpfes kann beklebt werden. Nimm dazu farbiges Papier, z. B. braunes Packpapier.

Das Papier für die vordere Run-dung muss etwas höher sein als der Unterbau. ......

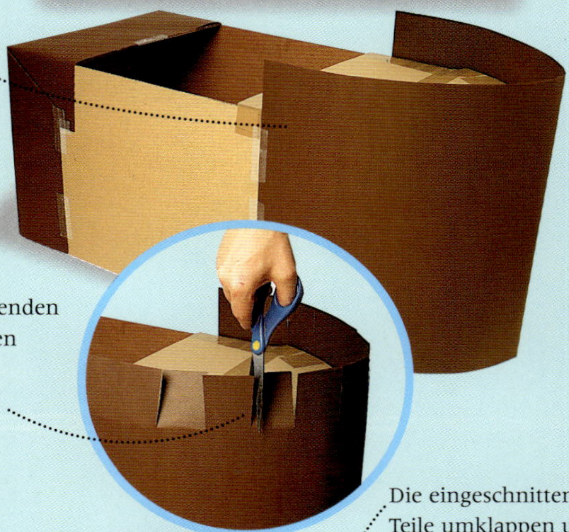

Den überstehenden Rand in kurzen Abständen einschneiden. ......

Die eingeschnittenen Teile umklappen und festkleben.

Zum Schluss ein Stück Papier zum Bekleben des oberen Vorderteils ausschneiden, das den eingeschnittenen Rand verdeckt.

Lass dir helfen

beim Zuschneiden der Pappe.

Du brauchst:

1 großen Pappkarton • farbiges Papier • Klebeband • Schere Stifte • Band • Klebstoff

Dekorieren

Und jetzt kommt der beste Teil: die Verzierungen.

Schneide Bullaugen aus farbigem Papier aus.

Du brauchst gerade Papierstreifen für die Oberkante des Rumpfes.

Natürlich darf ein Anker nicht fehlen.

Schulterbänder

Wenn die Schulterbänder befestigt sind, kannst du in See stechen.

Steige in das Schiff und halte es in einer bequemen Höhe fest.

Lass dir helfen

das Schiff gerade zu halten.

Auf Seite 47 steht, wie die Tragebänder befestigt werden.

Klebe unten auf das Schiff einen Streifen aus Wellen.

Zeichne Wellenformen auf blaues Papier und schneide sie aus.

Alles fertig. Klar zum Segelsetzen.

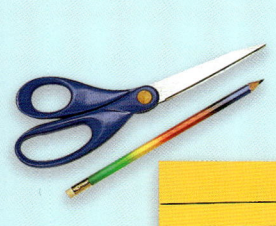

Auto-Grundform

Du brauchst einen großen Pappkarton, in dem du bequem stehen kannst.

Auf der Unterseite die Klappen abschneiden.

Oben nur die langen Klappen abschneiden.

Die Schmalseiten festkleben.

Den Karton mit farbigem Papier bekleben.

Tipps zum Bekleben gibt's auf Seite 41.

Autozubehör

Für die Ausstattung brauchst du allerlei Kleinigkeiten.

Pappbecher

Pappröhren und Schachteln

unterwegs im Auto

Befestige Tragebänder. Wie das geht, steht auf Seite 47.

Pappteller als Steuerrad

Mein Pappkartonauto ist toll. Damit komme ich überall hin!

Die Türkanten mit schwarzer Farbe aufmalen.

tut! tut!

Pappteller

Gut ausgestattet

Nun fehlt noch das schnittige Zubehör. Dafür brauchst du Pappteller und -becher, Alufolie und ein bisschen farbiges Papier.

Scheinwerfer und Kühler

Tiefer Pappteller

Zwei Pappteller in Alufolie wickeln.

Zwei Papierkreise hineinkleben.

Eine flache Schachtel in Alufolie wickeln und schwarze Streifen aufkleben – fertig ist der Kühler. Einfach mit doppelseitigem Klebeband ankleben.

Stoßstangen

Alufolie

Pappröhre von einer Folienrolle

Zwei Röhren einwickeln, die Folienenden nach innen schieben.

Rücklichter

Pappbecher

Rotes Papier hineinkleben.

Zwei Becher durchschneiden.

In Folie wickeln.

Alle Dekorationen werden mit doppelseitigem Klebeband befestigt.

Räder

Pappteller

Zwei Papierkreise auf den Teller kleben.

Die Reifen anmalen.

Als Kofferraum eine Schachtel mit gelbem Papier bekleben.

Die Straße entlang ...

tut, tut

um die Kurve ...

und dann ...

... bin ich schon bei meinen Freunden.

57

Feenprinzessin

Mit dem Zauberstab

hast du dich schnell in eine Fee verwandelt.

58

Feengewand

Für das Feenkostüm brauchst du eine Papierkrone, ein rosa T-Shirt, einen Rock aus Krepppapier, hübsche Schuhe, Ketten und Armbänder sowie einen Umhang (siehe Seite 65).

Krone

Viele rosa Perlen-ketten

Ein T-Shirt, ein Trikot oder ein Badeanzug – Hauptsache, es ist rosa!

T-Shirt

Krepp-papier-Rock

Rock

Binde an die Schuhe Schleifen aus glit- zerndem Goldband.

Schuhe

Ein Zauberstab

Schneide zwei goldene Sterne aus. Klebe einen auf das Ende eines langen Stabes, dann klebe den anderen darauf. Verziere den Stab mit einem Band.

59

Das flattert schön!

Krepppapier ist prima für den Rock. Es flattert wie Stoff und ist trotzdem stabil. Es muss auch nicht Rosa sein. Vielleicht magst du lieber Grün oder Lila für eine Halloween-Fee?

Taillenbund

Miss deinen Bauchumfang und schneide aus Goldpappe einen 5 cm breiten Streifen aus, der 15 cm länger ist – zum Verschließen.

Krepppapier-Rock

Nimm große Stücke Krepppapier, die um deine Taille herumreichen und bis an deine Knie gehen.

Das Papier im Zickzack falten.

Auf den Faltlinien einschneiden – aber nicht bis ganz oben!

Unten eine Spitze aufzeichnen.

Die Spitze zuschneiden.

Feenkrone

Jede ordentliche Feenprinzessin hat eine Krone. Du kannst sie aus Resten von Goldpappe und Krepppapier basteln.

Den Pappstreifen zum Kreis biegen und die Enden zusammenkleben.

5 cm breite Streifen zuschneiden, die etwas länger als dein Kopfumfang sind.

1 Einen Streifen Goldpappe und zwei Streifen Krepppapier zuschneiden.

Das Krepppapier auf der Rückseite des Pappstreifens festkleben.

In Pappe und Papier Zacken schneiden.

2 Die Papierstreifen hinten auf die Pappstreifen kleben.

Klebstoff auftragen und mit Glitzer bestreuen.

Klebstoff

Glitzer

3 Die Krone mit Glitzer verzieren und trocknen lassen. Dann die Enden zusammenkleben.

Das Papier
entfalten.

Nun schneide ein Stück
Krepppapier genauso zu – vielleicht in einer anderen Länge.

Klebe das Papier
auf die Rückseite
des goldenen
Pappstreifens.

Klebe mehrere
Schichten aus
Papierzacken auf.

Male mit Bastelleim verschiedene
Muster auf die vorderen Zacken
deines Rocks.

Zauberhaftes Rosa

Und nun brauchst du nur noch Zubehör
in Rosa. Vielleicht hast du ja eine rosa
Perlenkette oder schöne Armbänder.
Auf Seite 65 steht, wie der Umhang
gemacht wird.

Schnell Glitzer auf
den Leim streuen und
trocknen lassen.

Den Rock mit Klettband
schließen.

Poltergeist

Mit diesem Kostüm verbreitest du zur Geisterstunde Angst und Schrecken!

Frage deine Mutter nach einem alten weißen Bettlaken.

Gruselkostüm

So ein Gespensterkostüm passt prima zu einer Halloween-Party. Ziehe aber auch darunter etwas Witziges an, denn zum Reden und Essen musst du den Geister-umhang ausziehen.

Zeichne gruselige Augen und einen verzerrten Mund auf schwarzen Filz. Schneide alles aus.

Klebe Augen und Mund mit Bastelleim auf das Laken und schneide in die Augen kleine Löcher, damit du herausschauen kannst.

Probiere das Kostüm an. Wenn es zu lang ist, schneide es ab. Stolpernde Geister sind schließlich nicht gruselig.

Totenkopf

Zu einem Skelettkostüm gehört eine gruselige Schädelmaske.

Zeichne diese Umrisse auf einen Pappteller.

Auf den Linien einschneiden.

Den Tellerrand an den Einschnitten übereinander-schieben.

Auf beiden Seiten festkleben.

An den richtigen Stellen Augen auf-zeichnen und aus-schneiden.

Augen, Nase und Zähne aus schwarzer Pappe ausschneiden.

Stich auf jeder Seite ein Loch in die Maske und fädele ein Gummiband durch, damit du die Maske vor dem Gesicht befestigen kannst.

Knoten.

Augen, Nase und Zähne aufkleben.

Die Maske passt prima zum Skelettanzug.

Knochenmann

Wenn du in diesem Kostüm erscheinst, werden alle vor Schreck erschauern.

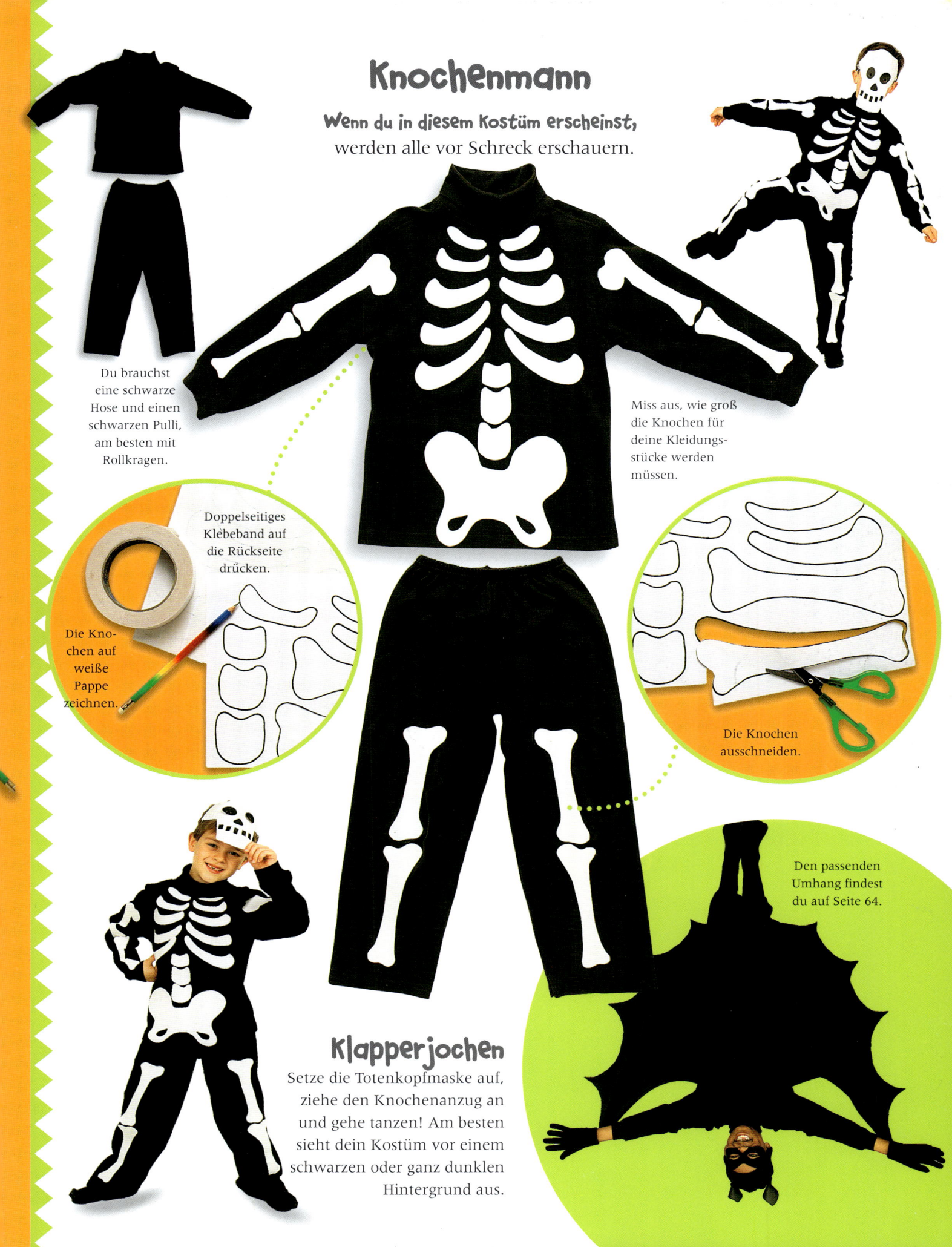

Du brauchst eine schwarze Hose und einen schwarzen Pulli, am besten mit Rollkragen.

Doppelseitiges Klebeband auf die Rückseite drücken.

Die Knochen auf weiße Pappe zeichnen.

Miss aus, wie groß die Knochen für deine Kleidungsstücke werden müssen.

Die Knochen ausschneiden.

Den passenden Umhang findest du auf Seite 64.

Klapperjochen

Setze die Totenkopfmaske auf, ziehe den Knochenanzug an und gehe tanzen! Am besten sieht dein Kostüm vor einem schwarzen oder ganz dunklen Hintergrund aus.

Fledermaus-Cape

Umhang selbst gemacht

Für den Umhang brauchst du ein Stück schwarzen Stoff. Halte ihn mit ausgestreckten Armen fest, um die Länge der Oberkante festzustellen. Dann falte ihn doppelt.

Hand-schuh

Hand-schuh

Du brauchst:

Schwarzen Stoff
Handschuhe
Kappe und Maske
Sicherheitsnadeln
Stift oder Schneiderkreide
Zackenschere oder Schneiderschere

Die Handschuhe mit Sicherheitsnadeln am Stoff befestigen.

Den Stoff zuschneiden

Nimm dein Stoffrechteck und falte es in der Mitte.

Zeichne dieses Muster mit Kreide ab. Der Knick muss unbedingt links liegen!

Schneide die Bögen sorgfältig mit der Zackenschere oder der Schneiderschere aus.

Fledermaus-Kappe

Maske

Schneide eine Maske aus schwarzem Papier aus. Stich an den Seiten Löcher hinein und ziehe ein Band durch.

Ziehe einen schwarzen Pullover, eine schwarze Strumpfhose und schwarze Schuhe an, dann ist die Fledermaus perfekt.

Fledermaus-Ohren

Das ist nur eine Wollmütze mit Papierohren.

Schneide zwei Ohren aus schwarzem Papier aus.

Die Ohren mit Sicherheitsnadeln an der Mütze feststecken.

Die obere Mitte des Umhangs mit einer Sicherheitsnadel am Pullover feststecken.

Feen-Cape

So wird es gemacht

Genau wie für das Fledermaus-Cape
brauchst du ein großes Stück Stoff,
aber in Rosa. Halte es mit ausgestreckten
Armen fest, um die Länge der Oberkante
festzustellen. Schneide ein großes Rechteck
zu, das du dann in der Mitte faltest.

Binde die
Zipfel an
den Arm-
reifen fest.

Ausschneiden

Falte den Stoff in der
Mitte. Lege den Kniff
nach links und zeichne
diese Bögen ab.

Schneide die Bogen
mit der Zackenschere
oder der Schneider-
schere aus.

Stecke den Umhang
mit Sicherheitsnadeln
an deinem
T-Shirt fest.

Zauberhafte Flügel

Flügel kann man immer gebrauchen. Zum Glück sind sie ganz einfach zu basteln.

Engel

Fledermaus

Flügelform

Überlege dir, welche Form deine Flügel haben sollen: weiche Bögen für Feen und Engel, spitze Zacken für Drachen und Fledermäuse. Du brauchst feste Pappe, am besten von einem Karton.

Falte ein Stück Papier in der Mitte und zeichne die Form eines Flügels darauf.

········Kniff

Falte das Papier auseinander und lege es auf ein großes Stück dicke Pappe. Zeichne den Umriss nach.

Lass dir helfen
beim Ausschneiden der Flügelform aus Pappe.

Lege die Pappflügel auf farbiges Papier, zeichne den Umriss nach und schneide ihn aus.

Klebe das Papier auf die Flügel.

Wie das glitzert

Jetzt kommt der beste Teil: die Verzierung der Flügel. Du kannst sie mit Glitzer bestreuen oder Muster und Motive aus Zeitschriften ausschneiden und aufkleben.

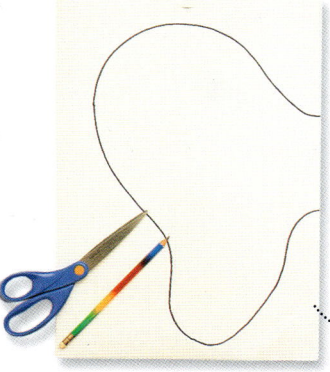

Mit spitzem Stift vier Löcher einstechen.

Lass dir helfen
beim Stechen der Löcher.

Innen-seite

········ Zwei Stücke Gummiband durch die Löcher ziehen und verknoten.

Außen-seite

········ Formen aus buntem Papier ausschneiden und aufkleben.

Bastelleim auftragen. ········

Glitzer draufstreuen

„Male" mit Leim ein Muster auf die Flügel und streue Glitzer darauf. Schüttle den Glitzer, der nicht am Leim haftet, auf eine Zeitung.

Gruselige Gesichter

Erstaunlich, wie schnell man mit etwas Schminke zum Vampir oder zur Hexenkatze wird. Ob dich noch jemand erkennt?

Lasst euch raten: Spaßt nicht mit Piraten!

GESICHTER SCHMINKEN

Mit Schminke zu arbeiten ist einfach, erfordert aber etwas Zeit. Probiere sie zuerst auf Papier aus, bevor du die Gesichter deiner Freunde bemalst. Zum Saubermachen sollte stets ein Handtuch bereitliegen.

Pirat

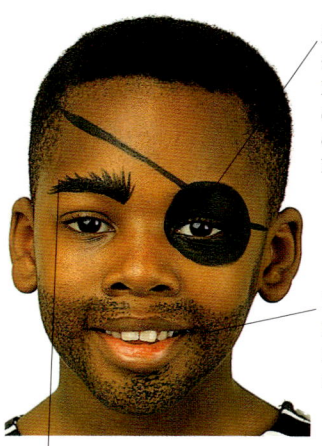

Male die schwarze Klappe um das Auge, dann das Band.

Bartstoppeln mit grobem Schwamm auftragen.

Große, buschige Augenbraue

Rote Narben mit weißer Farbe hervorheben.

Lege dein Gesicht in Falten und male sie nach.

Mit Zahnschwarz eine Zahnlücke malen.

Hexe

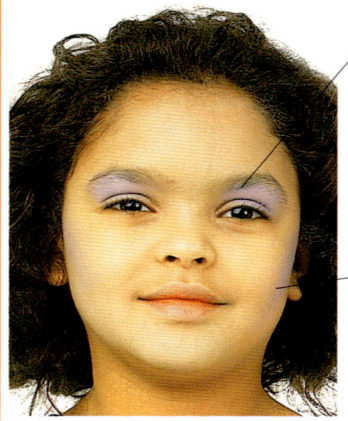

Hellvioletter Hexen-Lidschatten

Verwende hier das gleiche Violett.

Mit Kajal Augenbrauen zeichnen und Augen umranden.

Für die Lippen Violett mit Schwarz mischen.

Aufgemalte Krabbeltiere

Totenkopf

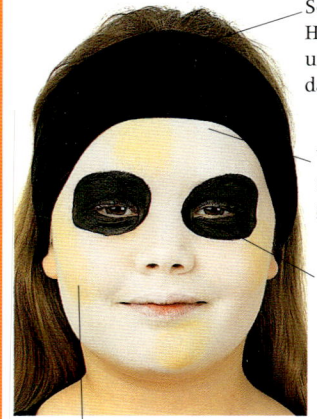

Schwarzes Haarband umrahmt das Gesicht.

Weiß mit Schwamm auftragen.

Schwarze Augen-höhlen

Gelbe Schminke beimischen – sieht wie Knochen aus!

Achte auf die Form der Nase.

Schwarze Risse im Knochen

Schwarze Linien als Skelett-Zähne

Schwamm zum Mischen und zum Bemalen großer Flächen

Pinsel für feine Linien

Schminke auf Wasserbasis kann man mischen.

Kajal- oder Augenbrauenstift

Glitzer-Gel – das Highlight

👽 Allergiegefahr! Farben erst testen!

Katze

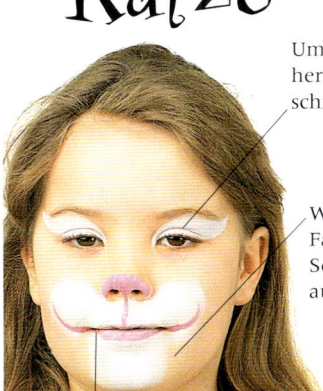

Um die Augen herum weiß schminken.

Weiße Farbe mit Schwamm auftragen.

Rosa für Nase und Unterlippe

Um die weiße Farbe herum schwarz bemalen.

Um den Mund und im übrigen Gesicht Striche pinseln.

Etwas Glitzer-Gel auftragen – fertig!

Monster

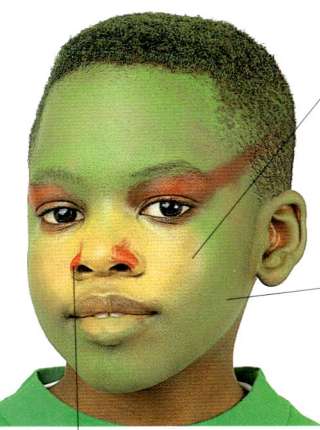

Zuerst mit dem Schwamm etwas Gelb auftragen.

Um das Gelb und bis über den Haaransatz Grün auftragen.

Rot für Augen und Nasenlöcher

Schwarz für Schuppen, Augenränder und Lippen

Weiße Zähne mit schwarzer Umrandung

Vampir

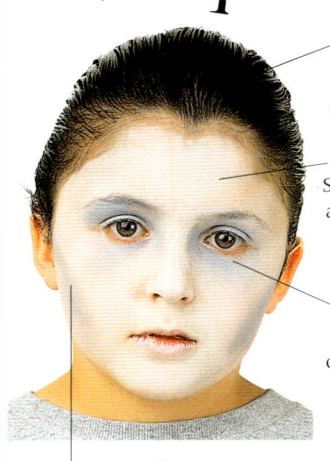

Haare mit Gel zurückstreichen.

Weiß mit Schwamm auftragen.

Etwas Grau um die Augen verteilen.

Grau entlang der Wangenknochen verteilen.

Haaransatz zeichnen und schwarz ausmalen.

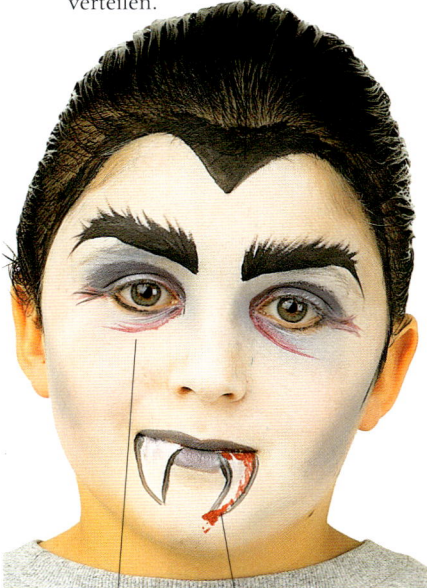

Um die Augenhöhlen herum grau anmalen und rote Linien hinzufügen.

Die Lippen färben und blutige Vampirzähne aufmalen!

Spukige Häppchen

Mit den Brötchenmonstern, den gruseligen Wurstfingern und den Horror-Muffins werden deinen Gästen die Haare zu Berge stehen. Zur Gespenstermahlzeit passen giftgrüne, schleimige Cocktails!

Spukige Speisen

Auf einer Halloween-Party darf man kein langweiliges Essen servieren. Hier aber läuft deinen Gästen nicht nur das Wasser im Mund zusammen – ihnen werden auch die Haare zu Berge stehen!

Bestialische Bröte

Geister-gebäck

Spinnenbein schmeckt fein!

Spinnen-Muffins

Bissiger Imbiss

Beim Anblick dieser

Pizzafiguren und Brötchenmonster werden die Gäste vor Freude schreien! Peperoni und Oliven eignen sich besonders gut zum Gestalten von Gesichtern.

Der Snack mit dem Schreck

Triefaugen aus halben Gurkenscheiben und Oliven

Karotten als Ohren zuschneiden.

Spinnenbeine aus Schnittlauch

Eine Zahnreihe aus Maiskörnern

Salamischeibe als Schlabberzunge

☻ Wettgruseln

Aus Brötchen kann man verschiedene Monster basteln. Für das Büffet könnt ihr „Wettgruseln". Welchem deiner Freunde gelingt wohl die unappetitlichste Brot-Bestie?

Halbierte Radieschen als Augen

👾 Pizzafiguren

Auch Pizzaböden kann man geisterhaft garnieren. So kann auch jeder Gast seine Pizza selbst gestalten.

Monster-Mampf

Pizzaboden passend zuschneiden.

Verwende deine Lieblings-zutaten, damit es dir auch schmeckt!

Wurstfinger am Spieß

👽 Wurstfinger

Auf die Würstchen setzt du Fingernägel aus einem Stück roter Paprika oder Tomate. Spieße sie auf Zahnstocher und stecke sie in einen Kürbis oder eine Melone.

Die Tomatennägel sehen wie scharfe Krallen aus!

Der beste Dip: Tomatenketchup!

77

Zuckerschocker

Süße Träume

Alle mögen Süßes! Aber wer isst schon haarige

Spinnen oder Augäpfel? Wenn deine Gäste die Horror-Häppchen probieren,

merken sie aber, wie lecker sie sind.

👽 Muffins

(ergibt 24 Stück)
125 g weiche Margarine
125 g Zucker
125 g Mehl
1 TL Backpulver
2 große Eier
1 TL Vanillezucker

Die Zutaten in eine Schüssel geben und mit einem Kochlöffel rühren, bis der Teig weich und cremig ist. Die Mischung gleichmäßig in den Backformen verteilen (jeweils etwa 1 TL). Bei 190 Grad (Gas Stufe 5) 18–20 Minuten backen. Vor dem Garnieren abkühlen lassen.

Guss in Tuben – ideal für feine Muster

Süßigkeiten und Weingummis zum Garnieren

👽 Zuckerguss

325 g Puderzucker
3 EL Wasser (oder Zitronen-/Orangensaft)

Puderzucker sieben, Wasser zugeben und zu einer weichen Masse rühren.

Schau mir in die Augen, Kleines!

☻ Spinnen-Muffins

Die Kreuz-spinnen-Muffins sehen giftig aus und schmecken hervorragend.

Muffins mit Zucker-guss überziehen.

Mit Holzspieß die Linien von innen nach außen ziehen.

Schokoguss-Spiralen

☻ Wein-gummis ...

... als Spinnenkörper und Lakritzstangen als Beine sehen gut aus. Du kannst aber auch andere Süßigkeiten verwenden.

Eine dekorative Unter-lage aus buntem Papier

☻ Augäpfel

Du brauchst Kirschen und rote Speisefarbe.

Geistermenü

Fülle eine Schüssel

mit Popcorn und schiebe Wein-gummischlangen dazwischen. Große Glubschaugen und ein verzerrter Mund, fertig ist die Gespenstermahlzeit. Auch die Gruselaugen am Stiel mit den schwarzen Lakritzpupillen sehen schön scheußlich aus.

Schneide gruselige Verzierungen aus und klebe sie auf die Schüssel.

Tischdeko

Nimm als Tischdecke schwarze Plastik-Müllsäcke und lege rote Papierstreifen darauf, die wie Blutspuren aussehen.

Gruselige Augen am Stiel

Popcorn

Wein-gummi-schlangen und Lakritz-stangen

Für blutrünstige Geister gibt es Limonade mit roter Lebens-mittelfarbe.

Schneide Spinnen aus und klebe sie auf Pappbecher.

Spinnen und Riesenaugen starren dich an!

82

Horror-Muffins

Wie die Muffins gebacken werden, steht auf Seite 78.

Geister am Stiel

Gespensterkekse mit eingebackenem Eisstiel

Aufge-spießt

Rote und blaue Süßigkeiten

Holz-stäbchen

Minitomaten, Cocktailwürst-chen, rote Paprika und Käse

Klebe die gerade Kante an einen Türrahmen, dann hängt das Gespenst kopfüber.

Komm, wir spuken!

Bastelidee

Bastle gemeinsam mit deinen Gästen gruselige Gespenster als Dekoration. Sie werden gleich aufgehängt und fliegen später mit den Gästen nach Hause.

PERGAMENTPAPIER AUF DER ROLLE

Oben gerade abschnei-den

Ein Stück abrollen, das Gespenst daraufmalen und ausschneiden.

Gespenstische Einladung

Diese Überraschungskarte wird deine Gäste das Gruseln lehren. Wer hat Mut und traut sich zu kommen?

Geisterkopf

Lege Pergamentpapier auf die Vorlage und zeichne sie ab. Falte es zur Hälfte und schneide die Form aus (auch die Augen). Nun kannst du sie auf Pappe übertragen.

1 Nimm ein Stück schwarze Pappe und falte sie quer zur Hälfte. Der Knick liegt links.

Schneide quer 2 cm tief in die Pappe: 2 cm über dem unteren Rand und noch einmal 2 cm höher.

Lege die kleine Klappe nach vorn und kniffe sie ganz scharf um.

Klappe die Karte auf und drücke die kleine Klappe von innen nach außen.

2

Gespenst ausschneiden.

Klebe das Unterteil des Gespenstes auf die Vorderseite der kleinen Klappe.

KLEBE-STIFT

Das Gesicht mit schwarzem Filzstift aufmalen.

Schreibe die Einladung auf einen Klecks aus roter Pappe.

Wenn man die Karte aufklappt, springt das Gespenst heraus.

3 Klappe die Karte zu und verziere die Vorderseite.

Für den Klecks faltest du ein Stück Papier und zeichnest den Umriss vor.

Ausschneiden und aufklappen.

Auf die Außenseite kleben, um den Einschnitt zu verstecken.

Glatt streichen.

Hier nicht festkleben!

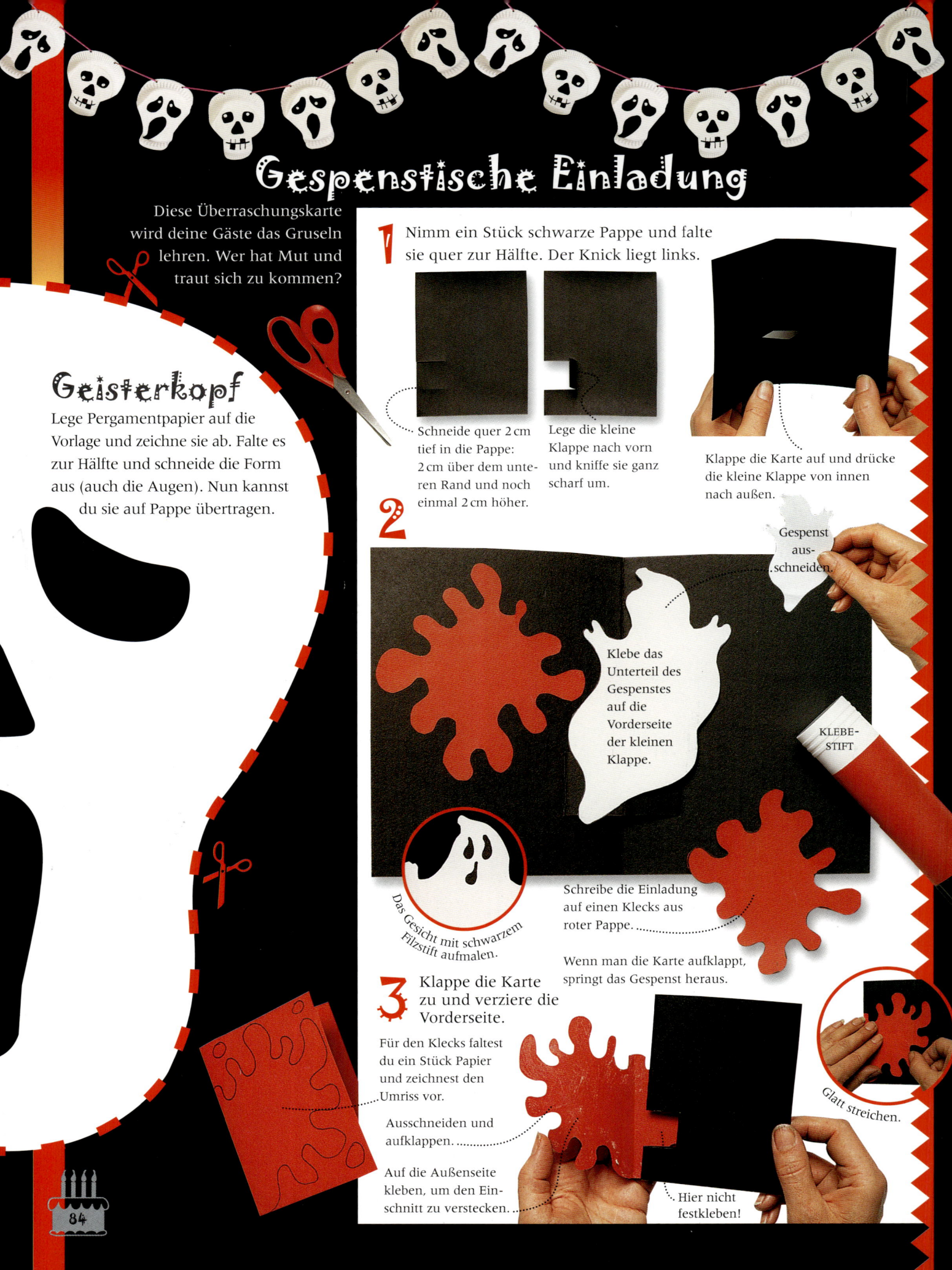

Gruselspiele

Gruselgeschenke

Überreiche deinen Gästen kleine Geschenke in gruseligen Beutelchen aus weißem Papier oder Stoff.

KREPPPAPIER

SPIELSACHEN UND SÜSSIGKEITEN

Süßigkeiten und Spielsachen in die Mitte legen.

Mit Gummiband zubinden.

Gespenstergesichter aus Papier aufkleben.

Anfang

Haus des Grauens

Schicke deine Gäste auf eine Schatzsuche durch das Haus. Lege eine Spur aus, die von Hinweis zu Hinweis führt. Stelle gruselige Lampen oder ähnliche Dekorationen auf, damit sie sich ab und zu ein bisschen erschrecken.

Kerzen geben geheimnisvolles Licht.

Vielleicht oben?

Ein Schluck Blutpunsch gefällig?

Geh weiter, wir sind gleich da!

Die Mumie

Wickle vor der Party einen Gewinn in viele Schichten Papier. Nimm Zeitung, Seidenpapier oder Toilettenpapier, damit es am Ende wie eine Mumie aussieht. Wickle in jede Schicht eine kleine Überraschung mit ein. Setzt euch alle in einen Kreis und schaltet gruselige Musik ein. Ein Erwachsener muss die Musik an- und ausschalten. Läuft die Musik, wird das Päckchen weitergegeben. Stoppt die Musik, darf der Gast, bei dem das Päckchen gerade ist, eine Schicht abwickeln – bis es schließlich ganz ausgepackt ist.

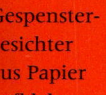

Hier muss es es sein!

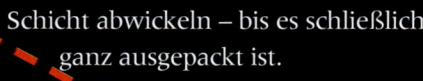

Huhuuu…

Ziel

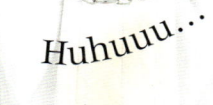

Hängender Horror

Das Schöne an einem Keksteig ist, dass man alle Formen ausstechen kann, die einem gefallen. Mach ein Loch in die Kekse, hänge sie auf und lass deine Gäste danach schnappen.

☻ Keksmischung
(ergibt 12–14 Stück)

250 g Mehl
150 g Butter
90 g Puderzucker
½ Zitronenschale, gerieben
1 EL Milch

Mehl, Puderzucker und Butter sieben, in eine Schüssel geben und zwischen den Fingern zu Krümeln reiben. Milch und Zitronenschale zugeben und zu einem Teig kneten. 20 Minuten kühlstellen.

Bei 160 Grad (Gas Stufe 3) 0 15 Minuten lang backen.

Nach dem Abkühlen mit farbigem Zuckerguss aus dem Spritzbeutel garnieren.

Zeichne die Keksformen auf Karton und schneide sie aus.

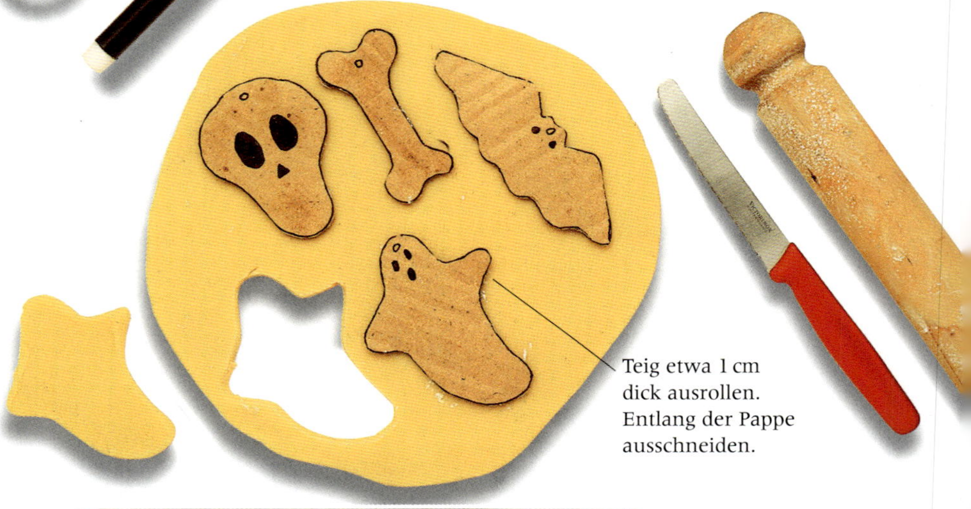

Teig etwa 1 cm dick ausrollen. Entlang der Pappe ausschneiden.

Du kannst diesen Geist als Vorlage verwenden, er hat die richtige Größe.

Lege die Kekse auf ein eingefettetes Backblech.

Bohre mit dem Zahnstocher ein Loch in das obere Ende der Kekse.

Gespenster zum Anbeißen

Kessel-

Kürbiskopf-Bowle

Kann man Zaubertränke besser servieren als in einem Kürbiskessel? Höhle den Kürbis aus (siehe Seite 10), schnitze ein Gesicht hinein und serviere dann mit einem Schöpflöffel die Bowle!

Stecke das Glas in den Kürbis und fülle es mit Bowle.

Cocktails

Schleimige,

schäumende, blutrote Cocktails
sehen schrecklich aus und
schmecken schrecklich gut!

Trinke diesen Zaubertrank!

Schlucke den Schlamm!

Apfelbowle

Wenn die Bowle fertig ist, servierst du
sie im Kürbiskessel. Sie wird den Durst
von etwa 10 Partygästen löschen.

Zubereitung

1 Liter Apfelsaft, 1 Liter Limonade,
Obst: z. B. Äpfel, Mandarinen, Kiwis

Den Apfelsaft mit der Limonade mischen.
Kleine Früchte ganz, große
geschnitten hinzugeben.
Zur Dekoration aus
Apfel- oder Kiwiringen
Sterne ausstechen.

89

ZAUBER-TRÄNKE ZUBEREITEN

Die Tränke lassen sich glasweise, wie hier beschrieben, oder in größeren Mengen für die Kürbisschüssel zubereiten. Sie werden mit Eis serviert.

Farbiges Eis

Farbigen Saft oder Wasser mit etwas Lebensmittelfarbe in Eiswürfelform gießen und über Nacht ins Gefrierfach stellen.

Eissplitter

Eiswürfel in eine Tüte geben, zubinden. Eis mit Nudelholz zerschlagen.

Heiße Knochen-schokolade

Genau das richtige Getränk an einem nasskalten Halloween-Abend!

Knochen zum Kochen

1 TL Kakaopulver
1 Tasse Milch, einige Marshmallows

1 TL Kakao mit Milch zu einer Paste anrühren. Nach Belieben zuckern, heiße Milch darübergießen, umrühren. Die Marshmallows schmelzen, wenn man sie hineingibt!

Verziere Trinkhalme oder Löffel mit Papier-Totenköpfen.

Giftgrüner Schleimschlürfer

Wenn die Eiswürfel schmelzen, wird der Cocktail immer grüner.

Schlürf den Schleim!

Zitronen-Limetten-Soda
Grüne Eiswürfel

Eiswürfel in die Zitronen-Limetten-Soda geben und dekorieren!

Eidechsen-Deko am Glasrand

90

Bunte Brühe

Iss diesen Eisdrink mit dem Löffel, falls du es nicht schaffst, ihn durch den Trinkhalm zu trinken.

Magische Farben

Eissplitter in drei Farben, aus Orangensaft, Preiselbeersaft und Wasser.

Eissplitter aufeinanderschichten: erst weiß, dann rot, dann gelb.

Löffel mit Papier-verzierung

Vampirgebräu

Mixe den Cocktail vor den Augen der Gäste – er wird lebendig!

Achtung Schaum!

1 Glas Cola
1 Kugel Vanilleeis

Glas zu ⅔ mit Cola füllen, Eiskugel dazugeben und KOPF WEG!

Halm mit Papier-fledermaus

Hexentrank

Fledermausblut, Froschzunge und ein Spritzer Zitrone. Ein Gebräu voller Überraschungen!

Zitronen-zauber

½ Glas Preiselbeersaft
½ Glas Limonade
Grüne Eiswürfel
Weingummis

Preiselbeersaft mit Limonade mischen, Eiswürfel zugeben. Als Überraschung die Weingummis hineinwerfen.

Eine Wein-gummi-Schlange gleitet über den Glasrand.

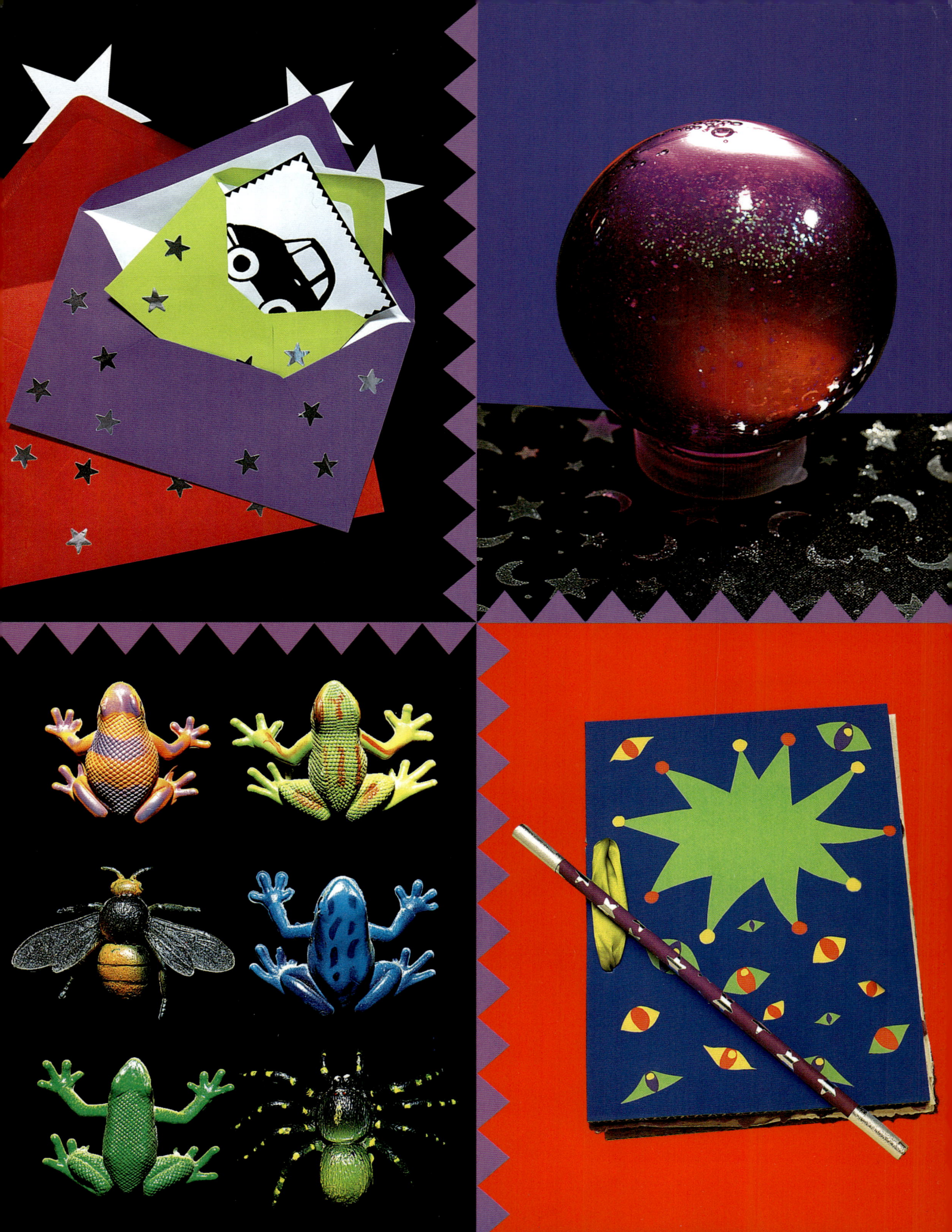

Spiele und Zauber-tricks

Spiele sind der Höhepunkt jeder Party: Beeindrucke deine Gäste mit Zauberei und Hellsehen, lass sie Mutproben bestehen und lasst euch Zauberpunsch und Blubber-Brühe schmecken.

Grusel-Spiele

Keine gelungene Party ohne gute Spiele. Bei diesen Spielen gibst du am besten jedem, der mitspielen will, einen Preis – denn nur die tapfersten werden es wagen!

Geisterzug

Alles einsteigen! Jeweils ein Spieler sitzt mit verbundenen Augen auf einem Stuhl. Lass Gegenstände, von Klangeffekten untermalt, über seine Haut gleiten. Ist das eine haarige Spinne oder nur eine Feder? Auch Eiswürfel sind ein wunderbarer Schock.

Die Fantasie spielt wilde Streiche!

Eine Zitterpartie!

Trüber Teich

Rühre in einem Eimer eine richtig eklige, undurchsichtige Brühe an, z.B. aus Mehl und Wasser. Lege ein paar Gegenstände in die Brühe und fordere deine Freunde auf, sie mit bloßen Händen herauszuholen.

Wer taucht in die teuflischen Tiefen?

94

Schattenspiel

So werden Gespenster-
geschichten lebendig: Zuerst
spannst du ein weißes
Laken straff über einen
Türrahmen und lässt dahinter
ein schummriges Licht
leuchten.

Gänsehaut garantiert!

Erzähle deine Geschichte und
spiele sie dabei hinter dem Laken
vor. Requisiten wie z. B. Schere
oder Hammer schneidest du aus
Pappe aus.

Es war einmal ...

  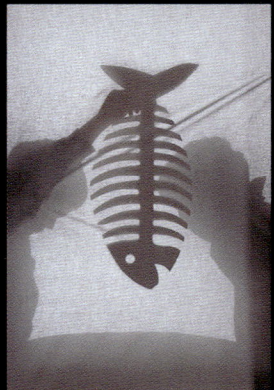

Unheimliche Geräusche sorgen für
die richtige Stimmung!

Mut-probe

Ein Spiel für besonders
mutige Gäste! Jeder muss seine
Hand durch ein Loch in eine
Kiste stecken. Erzähle den Leu-
ten, was für eklige Dinge in der
Kiste sind und stelle etwas hinein, das sich so ähnlich anfühlt.

Spaghetti als Würmer, geschälte Trauben als Augen!

Achtung – bei diesem Spiel
wird viel geschrien!

Igitt, igitt!

Entferne eine Seite der Kiste, damit die
Leute nicht schummeln können.

95

Apfel-schnappen

Fülle eine Plastikschüssel mit Wasser und wirf ein paar Äpfel hinein. Jeder Spieler faltet die Hände auf dem Rücken und muss einen schwimmenden Apfel mit dem Mund aus dem Wasser holen. Wer betrügt, scheidet aus. Achtung – der Fußboden kann ganz schön feucht werden!

Blubb! Spritz! Mampf!

Baumelnde Kringel

Hänge Schmalzkringel oder Donuts nebeneinander an einer Stange auf. Binde allen die Hände auf den Rücken, stelle sie davor und – los! Wer seinen Kringel zuerst aufisst, gewinnt.

Bei Zuckergebäck gilt: Nicht lecken, nur kauen!

Risiko

Selbstgemachte Aufkleber zieren die Rückseite der Zettel.

Fülle einen Hut mit Zetteln, auf denen entweder Strafen oder Belohnungen stehen. Jeder Mitspieler muss blind einen Zettel ziehen. Zur Strafe muss man z. B. einen Kopfstand machen oder die Haustür öffnen und ganz laut „Ich bin doof!" rufen.

Belohnung: Süßes oder kleine Geschenke

Jede Menge Kürbiskerne

Wenn du Kürbisse aushöhlst, hast du am Ende jede Menge Kerne. Wirf sie nicht weg. Sie schmecken lecker und lassen sich als Dekoration oder Schmuck verwenden.

Geröstete Kürbiskerne

250 g Kürbiskerne
2 EL Pflanzenöl
1 TL Salz

Kürbiskerne mit Wasser abspülen, in ein Handtuch wickeln und gründlich trocknen. Samen in großer Schüssel mit Pflanzenöl und Salz mischen. Auf einem Backblech 12–15 Minuten lang bei 180 Grad (Gas Stufe 4) backen.

Kerne zu Ketten und Armbändern auffädeln.

Binde vor dem Auffädeln das Ende der Schnur zu einem Knoten.

WICHTIGE TIPPS

Schminken ...

Kajal- oder Augenbrauenstifte kannst du dir von deiner Mutter leihen oder in einer Drogerie kaufen. Theaterschminke in verschiedenen Farben und Zahnschwarz bekommst du in Fachgeschäften für Kostüm- und Deko-Bedarf oder im Spielwarenhandel.

Wenn ihr ...

👽 mit euren Halloween-Kostümen um die Häuser zieht, solltet ihr immer in einer Gruppe gehen und stets einen Erwachsenen mitnehmen. Geht gleich nach Einbruch der Dunkelheit los und erschreckt keine kleineren Kinder.

Hellsehen

Kommt und hört,
was die Hellseherin sagt.
Vielleicht weiß sie
sogar mehr, als euch
lieb ist.

Ich weiß,
was ihr denkt.
Ihr glaubt ich
kann Gedanken
lesen, ... stimmt's?

Sich in die Kristallkugel!

**Wer kann
Gedanken lesen?**

In Wirklichkeit kann natürlich niemand
Gedanken lesen. Aber es gibt Möglichkeiten,
um die Zuschauer glauben zu lassen, dass du es
doch kannst. Hier sind einige Tricks.

Bilder vorhersagen

1

Mit diesem Trick rätst du jedes Mal richtig. Ein Zuschauer muss eine Karte ziehen. Kündige an, dass du schon weißt, welche er nimmt, und beweise es, indem du die Karte aus dem Umschlag zeigst.

In diesem Umschlag steckt der Beweis!

2

Der Zuschauer soll genau nachdenken, bevor er eine Karte nimmt.

Nimm eine Karte.

Soll es wirklich diese sein?

Der Zuschauer kann seine Meinung noch ändern, muss sich am Ende aber entscheiden.

3

Nimm mit großer Geste den Umschlag mit der richtigen Karte.

Lass niemanden in den Umschlag sehen.

Da staunst du! Ich habe schon vorher gewusst, dass du das Auto nehmen würdest.

4 Gute Vorbereitung

In dem Umschlag stecken schon alle Bilder. Du musst nur wissen, welches Bild in welchem Umschlag liegt.

Zeichne jede Karte doppelt.

In jedem Umschlag steckt ein Bild.

Stecke den kleinen Umschlag in den mittleren und den mittleren in den großen.

Den Umschlag zukleben.

Ziehe den Umschlag mit der richtigen Karte heraus.

Gedanken lesen

Für diese Gedankenkunststücke brauchst du einen guten Helfer.
Wähle jemanden aus, dem du deine Geheimnisse anvertrauen kannst.

Telepathie 1

Lass deinen Helfer mit dem Publikum allein.

✳ Dein Helfer fordert das Publikum auf, einen beliebigen Gegenstand im Raum auszuwählen.

✳ Du kommst zurück ins Zimmer und dein Helfer fragt: „Ist es das Fenster?", „Ist es ...?"

✳ Du antwortest immer „Nein", bis du das Wort „schwarz" hörst. Daran erkennst du, dass der nächste Gegenstand gemeint ist. „Ist es der schwarze Stift?" – „Nein." „Ist es die Kristallkugel?" – „Ja!"

Das oder dieses?

So könnt ihr es auch machen:

✳ Du gehst aus dem Raum, die Zuschauer sollen wieder einen Gegenstand wählen.

✳ Du kommt zurück und dein Helfer fragt: „Ist es die Tasse? Ist es der Stift? Ist es das Buch?" Du sagst immer „Nein".

✳ Fragt dein Helfer aber: „Ist es DIESER Stift?", sagst du „Ja".

Telepathie 2

Zeichne einen Kreis mit sechs Feldern und schreibe die Zahlen von 1 bis 6 hinein. Lege in jedes Feld einen Gegenstand.

✳ Ein Zuschauer soll einen Gegenstand aussuchen und deinem Helfer zuflüstern, welcher es ist. Du hältst dir die Ohren zu.

✳ Jetzt liest du die Gedanken deines Helfers. Lege die Hände seitlich an den Kopf des Helfers. Wenn er die Backenzähne zusammenbeißt, kannst du es fühlen.

✳ Der Helfer muss mit den Zähnen ‚zählen'. Dann sagst du dem Publikum, welcher Gegenstand es war.

Das Publikum wählt die Flasche.

Jetzt bist du dran!

Die Flasche liegt auf der Drei.

Der Helfer merkt sich die Zahl.

Oh ja, ich kann es spüren! Es ist die Flasche.

Der Helfer beißt die Backenzähne dreimal zusammen. So weißt du, dass es die Flasche ist.

Drei mal drei

Lege neun Gegenstände in Dreierreihen auf den Tisch. Du kannst Bücher, Spielsachen oder Münzen nehmen. Es funktioniert auch mit Menschen.

✳ Die Zuschauer sollen einen Gegenstand wählen, wenn du aus dem Raum gehst.

✳ Wenn du zurückkommst, wirst du wissen, welcher es ist. Und wie? Durch Zauberei!

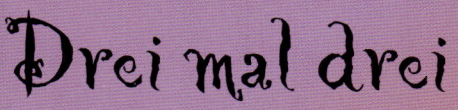

Das habt ihr aus-gesucht.

Wow! Du kannst ja Gedanken lesen!

Du brauchst nur einen guten Helfer.

Der Helfer sitzt zwischen den Zuschauern, aber niemand weiß davon. Er muss gut schauspielern können und sehr überrascht tun, wenn du richtig rätst.

✳ Wenn du wieder ins Zimmer kommst, verrät der Helfer den richtigen Gegenstand, indem er einen Körperteil berührt.

✳ Vorher müsst ihr ab-sprechen, welcher Körperteil für welchen Gegenstand steht.

✳ EINFACH, aber wirkungsvoll!

Die Körperteile passen zur Verteilung der Gegenstände auf dem Tisch.

Schau, ich berühre mein Ohr.

Zaubersprüche und Zaubertränke

Braue einen brodelnden, sprudelnden Trank und sprich eine Formel aus dem geheimnisvollen Buch, das nur Zauberer lesen können, andere Menschen aber nicht.

Zauberer aller Länder, an die Arbeit!

Das Zauberbuch

Geheime Rezepte für wundersame Zaubertränke kannst du in ein Zauberbuch schreiben.

Brodel, blubber, platsch und zisch, welch ein magisches Gemisch!

103

Zaubertrank – so geht's

Ob du es glaubst oder nicht: Zutaten für Zaubertränke gibt es in jeder Küche. Man muss nur wissen, woraus die brodelnden Mixturen bestehen.

Salz

Natron

Zutaten

Alle Zutaten sind ungiftig, aber die meisten Mischungen schmecken scheußlich. Also lieber nicht trinken, wenn es nicht ausdrücklich erlaubt ist!

Essig

Lebensmittelfarben

Eiscreme

Limonade

Quak

Quak

Blubber, spritz!

Für einen brodelnden Trank musst du nur ein Glas mit beliebiger Limonade füllen. Dann streust du einen Teelöffel voll Salz auf die Oberfläche. Gib Lebensmittelfarbe dazu, wenn du bunten Schaum zaubern möchtest.

Salz auf die Limo streuen

Wie es über den Rand quillt!

Puste-Wunder

Kündige den Zuschauern an, dass du einen Ballon aufpusten wirst, ohne den Mund zu benutzen.

Gieß zuerst etwas Essig in eine Flasche.

Gib einen Teelöffel voll Natron in einen Luftballon und ziehe den Ballon über den Flaschenhals.

Das Natron noch nicht herauslassen!

Den Ballon anheben und das Natron herausrieseln lassen.

Das ist Zauberei!

Jetzt kommt das Geheimpulver ...

Wenn das Natron in den Essig fällt, entsteht ein Gas, das in den Ballon steigt. Dadurch bläst sich der Ballon ganz von allein auf. Hoffentlich platzt er dabei nicht!

Er bläst sich ganz allein auf – niemand berührt ihn!

Toll, er wächst immer noch! Wann er wohl platzt?

Zauberpunsch

Diesen köstlichen Zaubertrank darfst du probieren. Gieß ein Glas voll Limonade. Pass auf, dass das Publikum hinschaut, dann setze eine Kugel Eiscreme auf die Limo. Das sieht toll aus und schmeckt noch besser.

Limonade in das Glas

Etwas Eiscreme dazu

Wie das schäumt und brodelt!

Nimm schnell einen Schluck, es lohnt sich!

Blubber-Brühe

Dies ist die Geheimmischung für Super-Seifenblasen. Aber nicht zum Trinken. Fülle eine Flasche zur Hälfte mit Essig, dann gib etwas Natron dazu. Wenn der Schaum länger halten soll, gib etwas Spülmittel zum Essig.

Natron

Mischung aus Essig und Spülmittel

Sieh nur, wie die Blasen wachsen!

Brodel Schäum

106

Das Zauberbuch

Alle Tricks und Zaubersprüche

kannst du in dein Zauberbuch schreiben. Nimm zwei Stücke Pappe und einige Blätter Papier. Loche alles und binde es mit einem Band zusammen.

Unsichtbare Tinte

Schreibe Geheimnisse mit unsichtbarer Tinte ins Buch. Du kannst auch Nachrichten an andere Zauberer und Hexen schicken.

Gerissene Papierkanten sehen toll aus.

Schreibe mit magischer Tinte.

Die Zaubertinte ist Zitronensaft!

Du musst dir merken, was du geschrieben hast, weil du es nicht sehen kannst.

So geht's:

* Nimm ein Stück Papier von einem einfachen Zeichenblock.
* Schreibe deine Nachricht mit Zitronensaft und Pinsel darauf.
* Damit die Schrift sichtbar wird, muss sie mit einem heißen Bügeleisen gebügelt werden. Lass dir dabei helfen.

Lass dir helfen ...

beim Bügeln – das Eisen wird sehr heiß.

Klebe deine Zaubersprüche in dein Zauberbuch.

Hokus Pokus

Diese magische Nachricht können nur Zauberer lesen.

107

Zaubershow

Für einen großen Zauberer ist eine gute Show beinahe das Wichtigste. Bringe die Zuschauer zum Staunen – mache einen großen Hokuspokus aus deiner Vorführung.

Eins, zwei, drei: Kaninchen, komm herbei!

Ta daaa!

Üben, üben, üben

Die wichtigste Regel beim Zaubern ist: ganz viel Übung. Die Zuschauer sollen einen tollen Trick sehen – aber nicht, wie er funktioniert. Probiere alle Bewegungen so lange vor dem Spiegel aus, bis sie perfekt sind.

Übung macht den Meister!

Die Show planen

Überlege dir vor der Show die Reihenfolge der Tricks und bereite alles gut vor. Sprich mit den Zuschauern, damit sie nicht darüber nachdenken, wie der Trick funktioniert.

Feile an deiner Show!

Regeln für Zauberer

* ✹ Verrate nie einen Zaubertrick. Sonst ist er für immer verloren.

* ✹ Übe jede Bewegung ein und bereite die Tricks gut vor. Je glatter es läuft, desto besser.

* ✹ Vergiss nie, einen Zauberspruch aufzusagen.

Gute Vorbereitung

Jeder große Zauberer braucht einen Platz, wo alle Utensilien griffbereit liegen. Stelle zwei große Pappkartons aufeinander und hänge ein großes Tuch darüber. Darauf legst du eine verzierte Papierserviette – fertig ist das Geheimregal. Lass die Zuschauer NIEMALS sehen, was du darin versteckt hast.

Bezaubere dein Publikum!

Großes Theater

Zaubervorstellungen sollen aufregend sein, darum mache ruhig ein geheimnisvolles Theater daraus. Verkleide dich, mache schwungvolle Bewegungen und sprich deine Zaubersprüche bedeutungsvoll. Vielleicht erfindest du auch Zauberformeln, die man singen kann.

109

Das kann doch gar nicht sein!

Wunderballons

Peng! Nein: kein Peng! Du stichst hinein, ohne dass sie platzen.

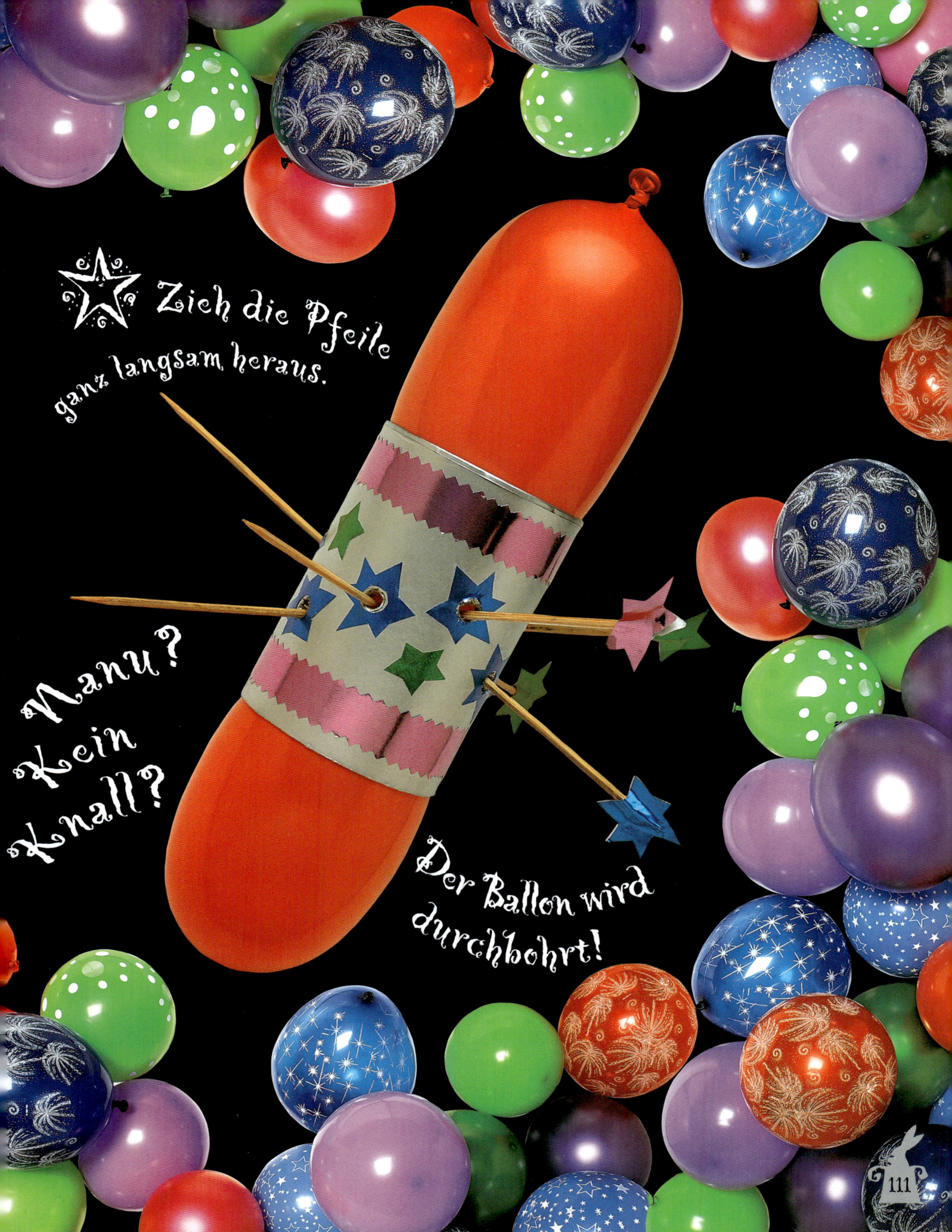

☆ Zich die Pfeile ganz langsam heraus.

Nanu? Kein Knall?

Der Ballon wird durchbohrt!

111

Wunder-
ballons –
so geht's

Zauberballon

Für diesen tollen Trick brauchst du nur durchsichtiges Klebeband. Klebe ein Stück auf den Ballon – und schon kannst du spitze Stäbchen hinein-stechen. Das funktioniert wirklich. Spitze sie mit einem Anspitzer an oder nimm Stecknadeln. Das Klebeband muss vor der Vorstellung aufgeklebt werden.

Den Ballon nicht zu fest aufpusten.

2 cm lange
Klebestreifen

Klebeband

Gut anspitzen

Lange Holzstäbchen

Trau dich:
Stich hinein!

Ob es
knallt?

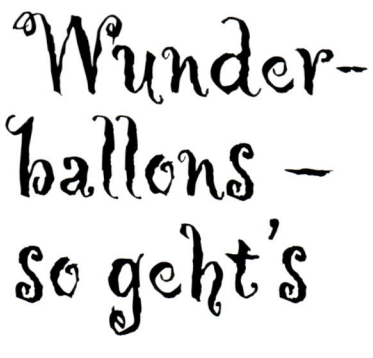

Wow, ist das
spannend!

112

Aufgespießt!

Das Geheimnis dieses Tricks ist eine gute Vorbereitung vor der Show. Es sieht toll aus, wenn alle Stäbe drinstecken. Vergiss nicht, den Ballon am Ende aus der Röhre zu ziehen – aber lass niemanden sehen, dass er gedreht war.

Aus einem Stück Pappe von 18 x 30 cm eine Röhre kleben.

Stich Löcher in die Röhre. Schau im Kasten oben rechts nach, wo sie liegen müssen.

Lass dir helfen ...
beim Einstechen der Löcher

Die Röhre bunt anmalen und mit Folie dekorieren.

Dekorationen aufkleben.

Einen langen Ballon nicht zu fest aufblasen. Er muss sich noch verdrehen lassen.

Den Ballon aufblasen und eindrehen

Die Röhre auf den Ballon schieben.

Den Ballon in der Mitte drehen, die Drehung in der Röhre verstecken.

Die Röhre darüberschieben

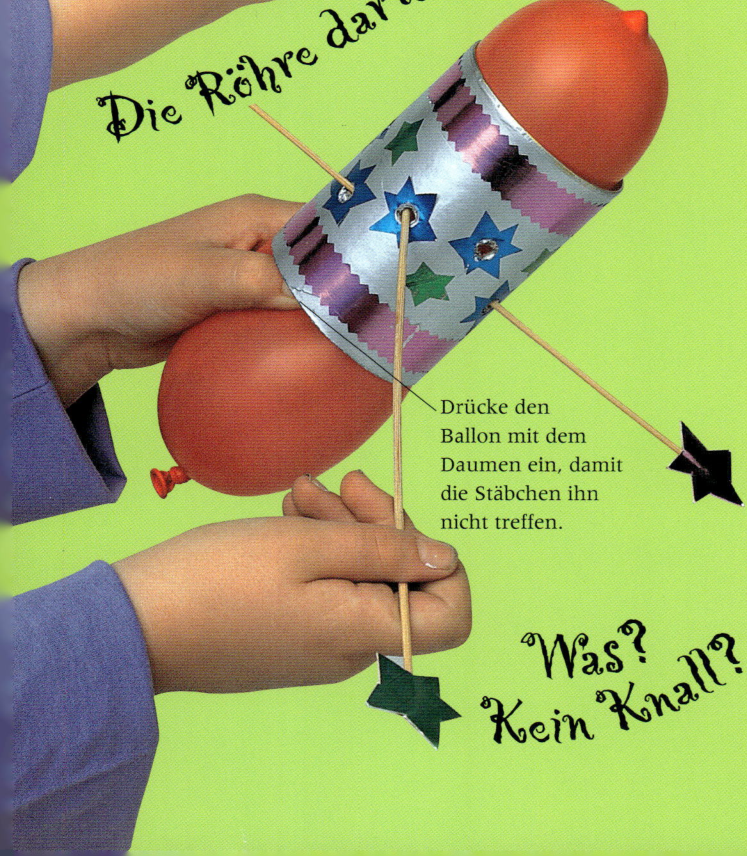

Die Stäbchen hineinstecken – an dem Ballon vorbei.

Drücke den Ballon mit dem Daumen ein, damit die Stäbchen ihn nicht treffen.

Was? Kein Knall?

Das Geheimnis

Ich drehe den Ballon in der Mitte. So wird er nicht durchbohrt. Aber nicht weitersagen!

Die Stäbchen ganz langsam herausziehen – sonst knallt's.

Die Stäbchen lassen die Mitte der Röhre frei. Dort muss Platz für den gedrehten Ballon bleiben.

Die Vorführung

✸ Den Ballon mit den Stäbchen schon vor der Show vorbereiten.

✸ Deine Zuschauer werden mächtig staunen.

✸ Stäbchen langsam herausziehen.

✸ Der Ballon ist noch prall!

✸ Den Ballon aufdrehen und herausziehen. Er ist noch heil!

Tanzender Zauberstab

Wie durch Zauberhand

bewegt sich der Stab auf und ab – doch du berührst ihn nicht. Wie ist das möglich?

Der Zauberer zieht an der Schnur ...

... und der Stab tanzt auf und ab!

1 Nimm eine Pappröhre

Die Röhre soll etwa 30 cm lang und 4 cm dick sein.

2 Das Geheimnis steckt innen

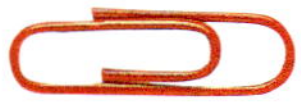

Büroklammer

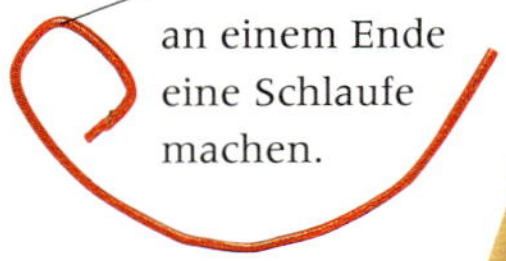

Die Klammer aufbiegen und an einem Ende eine Schlaufe machen.

Befestigen

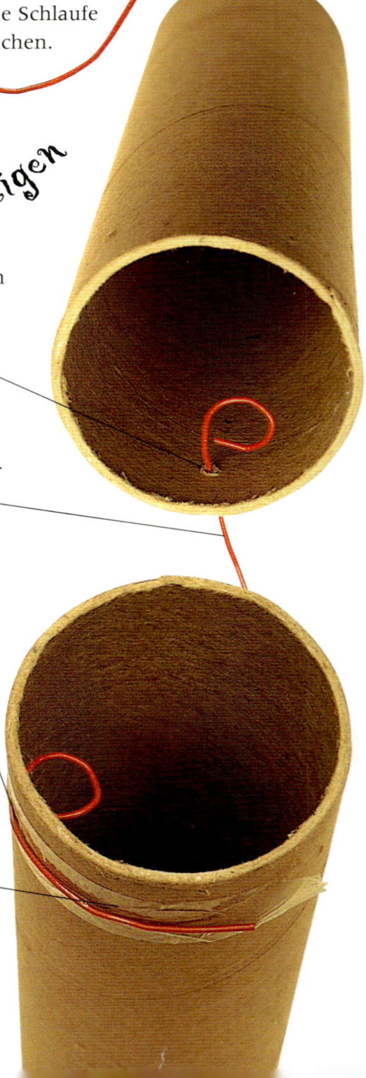

Ein Loch in ein Ende der Röhre stechen.

Die Klammer durchschieben.

Das lange Ende um die Röhre biegen.

Mit einem Klebestreifen festkleben.

3 Wenn ihr wüsstet ...

Schneide zwei Stücke Schnur zurecht, je 50 cm lang.

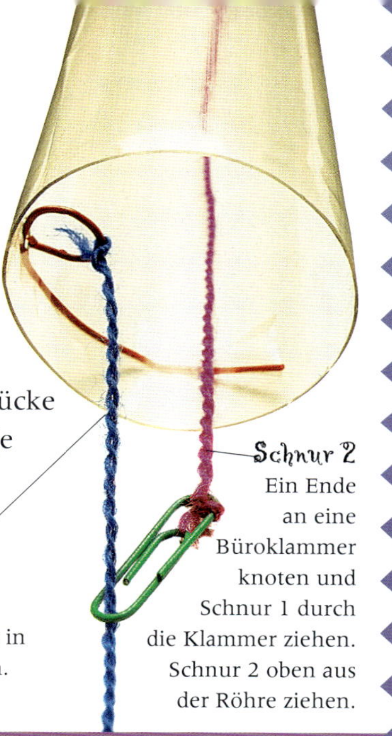

Schnur 1
an der Drahtschlinge in der Röhre festknoten.

Schnur 2
Ein Ende an eine Büroklammer knoten und Schnur 1 durch die Klammer ziehen. Schnur 2 oben aus der Röhre ziehen.

4 Ausprobieren

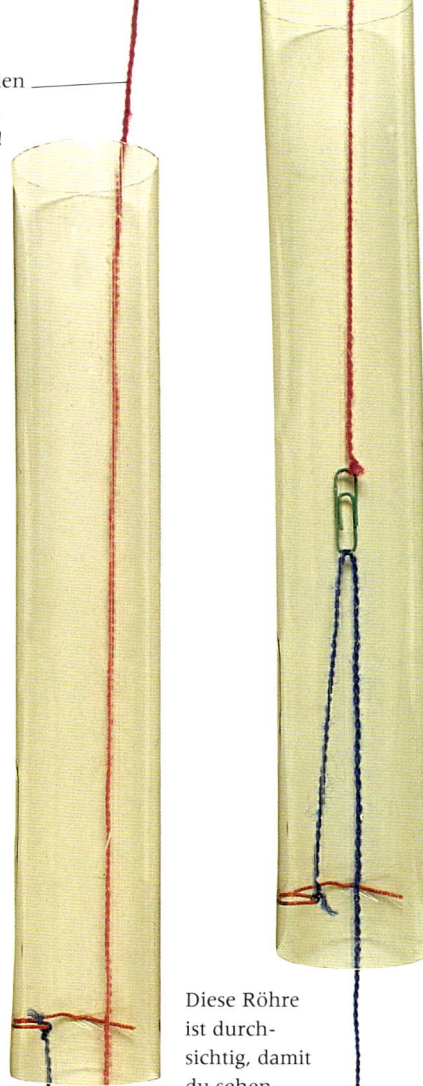

Ziehe an den Schnüren. Sagenhaft! Die Röhre bewegt sich auf und ab.

Diese Röhre ist durchsichtig, damit du sehen kannst, wie es funktioniert.

Du darfst das Geheimnis niemandem verraten!

Ziehst du hier, steigt der Stab auf. Lässt du locker, sinkt er herab.

Den Stab verzieren

Beklebe die Röhre mit glitzerndem, buntem Papier.

Die Verführung

Halte den Stab an beiden Schnüren fest und zeige dem Publikum, dass es ein ganz normaler Zauberstab ist. Halte die untere Schnur stramm und ziehe langsam an der oberen. Die Zuschauer werden staunen, wenn der Stab tanzt.

Dieses Fadenende straff halten, der andere Faden bewegt den Stab.

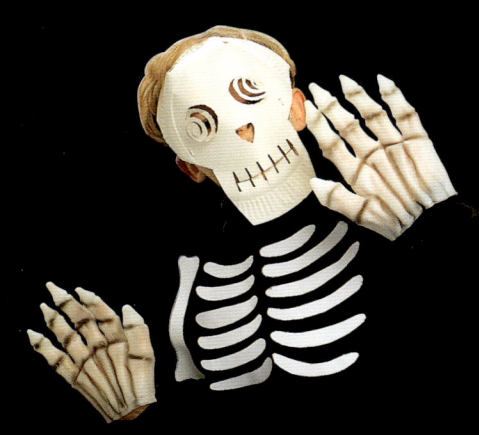

Register

Dank

Der Verlag dankt der Food-Stylistin Emma Patmore, der Maskenbildnerin Stephanie Spyrakis, den Fotomodellen Charlotte Bull, Billy Bull, James Bull, Tex Jones, Kiana Smith, Kristian Revelle, Maisie Armah und Elicia Edwards.

Zusätzliche Fotos: Dave King (Steckrübenkopf 11), Gary Ombler (Hexe 33) und Steve Shott (Hexe 33, 57, 96).

Alle anderen Abbildungen © Dorling Kindersley

Weitere Informationen unter: www.dkimages.com